TRANSFORMING THE LIVING LEGACY OF TRAUMA

나의 오랜 상처 돌보기
: 트라우마 치유를 위한 워크북

Janina Fisher, Ph.D. 저
이혜림·윤서연 공역

박영story

역자 서문

심리치료 장면에서 일하는 전문가로서, 그리고 트라우마 치료자로서 누구라도 그러하듯이, 치료 과정을 함께 하는 내담자와 가장 안전하면서도 덜 고통스러운 방식으로 치유를 향하는 길을 걸어가기 위해 많은 고민을 해왔습니다. 그러면서 내담자들이 매 상담 회기를 마치며 상담실 문을 열고 밖으로 향할 때면, 그가 오로지 자기 홀로 힘겨운 고통 속으로 돌아가는 것처럼 느끼지 않도록, 방패나 지팡이, 담요와 같이 느낄 수 있을 무언가를 품에 들려서 돌려보내고 싶었습니다.

이 책은 트라우마와 나 자신의 삶에 대해 이해하고 싶은 사람, 그리고 트라우마 치료를 생각해보거나, 받고 있거나, 받았던 적이 있는 사람 모두에게 필요한 정보를 가장 효율적이면서도 안전하게 전달하기 위해 만들어졌습니다. 우리는 삶의 어느 순간에 위험한, 혹은 안전하지 못하다고 느끼는 경험을 할 수 있으며, 그로 인해 그 사건으로부터 오랜 세월이 지난 이후까지 위험하다는 느낌을 품은 채 고통받기도 합니다. 안전에 대한 욕구는 생명을 지닌 것이라면 무엇이라도 품고 있을, 지극히 당연한 욕구 중 하나입니다. 이 책은 트라우마 사건이 있던 당시에도, 그리고 그 이후로 우리가 트라우마의 유산으로 인해 힘들어할 때에도, 우리에게 어떤 잘못이 있는 것이 아니라 그저 안전이 필요했다는 것에 대해 충분한 이해를 제공해줍니다. 그리고 나 자신에게 안전한 땅과 울타리, 벽, 지붕, 문, 창문과 같은 것들을 하나씩 지어보도록 도와줍니다.

더불어, 치료는 협력의 과정이기에 치료자가 전하고 싶은 것들이 내담자에게 가닿지 않고, 내담자가 경험하는 것들을 치료자가 이해하지 못할 때 치유로 향하는 길이 보다 멀고 험하게 느껴질 것입니다. 우리에게는 치유에 필요한 재료들을 충분히 나눌 수 있는 안전한 협력이 간절히 필요합니다. 이 책은 그러한 순간, 그러한 장면의 기초를 다지는 데 많은 도움이 될 것입니다. 트라우마와 나 자신에 대한 이해를 돕기 위한, 또 치료 장면에서 치료자와 내담자 간에 필요한 정보를 보다 수월하게 나눌 수 있도록 돕는 도구로, 그리고 상담실을 나와서 다음에 있을 상담 시간을 기다리며 일상을 보내다가 힘든 순간이 왔을 때 나를 돌보도록 돕는 도구로써 십분 활용될 수 있기를 바랍니다.

이 워크북은 Janina Fisher가 수십 년간의 임상적 경험과 능력, 그리고 연민, 격려, 희망을 실어 트라우마 치유에 대해 가능한 간결하면서도 이해하기 쉽게 저술한 것입니다. 그럼에도 트라우마와 관련된 이론적 기반을 다루고 있어, 이를 독자분들이 좀 더 이해하기 쉽게 볼 수 있도록 하기 위해 번역 과정에서 많은 고민과 논의를 나눴으나, 여전히 선뜻 이해하기 어렵거나 금방 와닿지는 않는다고 느껴지는 부분이 있을 것으로 생각됩니다. 전체로서의 나 자신이 걸어온 삶의 복잡성과 정교함, 그리고 마찬가지로 그러한 삶에서의 트라우마의 유산 역시 복잡하고도 정교할 수 있음에 대해 살펴주시기를 바라며, '트라우마 생존자들에게' 장에 실린 '이 책의 사용 방법에 대한 몇 가지 제안'을 참고하여 각자에게 맞는 방식으로 책을 활용하기 위한 방법을 살펴보시기를 바랍니다. 더불어 책을 홀로 사용하기 어렵게 느껴진다면 트라우마 전문 치료자와 상의하여 치료 과정에서 활용해보셔도 좋습니다.

번역을 진행하는 동안, 지난한 치유의 길을 함께 걸어주었던 내담자분들, 그리고 삶에서 만날 수 있었던 수많은 사람들, 뿐만 아니라 나 자신에 대한 이해도 더욱 깊어지는 것을 경험할 수 있었습니다. 그 과정에서 내가 바라는 방향으로 움직이지 못한다고 생각되는 나의 부분들과, 그 부분들을 집어내 책망하고 독촉하던 부분들을 차츰 용서해가며, 오늘 그리고 내일을 위해 그 부분들과 협력해가는 한 걸음 한 걸음을 떼어갈 수 있다는 데서 오는 작지만 의미 있는 감동을 경험할

수 있었습니다. 이 책을 만나는 분들의 몸과 마음에도 그러한 소중한 울림이 함께
하기를 바랍니다.

　마지막으로 이 책을 번역하는 과정에서 많은 도움을 얻었습니다. 바쁜 와중
에도 같이 힘내어 책을 번역하신 윤서연 선생님, 좋은 책을 번역하는 것에 뜻을
함께 해주신 박영스토리 노현 대표님, 번역과 교정에 많은 도움을 주신 김경은 선
생님, 백나은 선생님. 그리고 트라우마 치료 장면에서 돌봄과 조언을 건네주신 많
은 선생님들과, 힘겨운 시간을 함께 버텨내며 빛나는 치유의 순간을 나누어주신
내담자분들께 무한한 감사를 전합니다.

대표 역자

이혜림

차례

WORKSHEET

'트라우마의 살아있는 유산을 변화시키기'에 대한 찬사

"훌륭하고, 자애롭고, 아름답게 쓰여진 Janina Fisher의 '트라우마의 살아있는 유산 변화시키기'를 읽는 것은, 나로 하여금 우리가 전문가로서 고작 30년 만에 얼마나 많은 것들을 배워왔는지에 대해 생각해보게 했다. 이 책은 공포, 자기-혐오, 버림받는 것에 대한 두려움처럼 견디기 어려운 느낌들에 맞서 안전과 통제라는 겉모습을 만들어내기 위해, 어떻게 몸과 마음이 독창적인 방법들을 사용해 적응해가는지를 빼어나게 보여주고 있다. 이러한 적응이 시간이 흐르는 동안 계속 유지되면서, 결국에는 자기 자신뿐만 아니라 타인과의 만족스러운 관계를 맺는 데 방해를 끼치는 경향이 있다. Janina는 트라우마로 인한 상처를 치유하기 위해서는 관찰 및 자기-발견의 새로운 습관을 배우는 것이 필요하다는 점을 우리에게 알려준다. 치료의 목표는 과거를 파헤치는 것이 아니라, 트라우마 경험으로 인한 부상을 회복시키는 것이다. 이는 모든 치료자가 자신의 기술 중 일부로 지녀야 할 만큼, 훌륭하면서도 쉽게 접근할 수 있는 작업이다."

― Bessel van der Kolk, MD, 트라우마 연구 재단 회장

보스턴 의과 대학 정신의학 교수

뉴욕 타임즈 베스트셀러 '몸은 기억한다[1]' 저자

---

1) The Body Keeps the Score.

"그녀 특유의 희망과 명료함으로 쓰여진 이 탁월한 워크북은, 사물의 본질에 도달하는 Janina Fisher의 특별한 재능을 보여준다. 복잡한 이론들은 단순하고, 쉽게 이해되고, 유용한 개념들로 변화되며, 내담자들이 자신의 증상을 이해하고, 대처 책략에 익숙해지며, 고통을 완화시키기 위한 효과적인 기술들을 연습하도록 도와준다. 더욱 주목할 만한 부분은, 이 놀라운 책이 가장 외상화된 생존자에게도 치유가 가능하리라는 자신감을 불러일으킬 것이라는 점이다."

— Par Ogden, PhD,

'트라우마 및 애착에 대한 감각운동 심리치료 개입[2]' 및

'감각운동 심리치료 포켓 가이드[3]'의 저자

"Fisher는 트라우마 회복의 가장 중요한 개념을 용어와 도표를 이용해 간단하면서도 정교하게 살려낸다. 그녀는 복잡한 트라우마 관련 아이디어와 정보들을 간결하고도 이해하기 쉬운 방식으로 전달하는 재능이 있다. 그리고, 늘 그래왔듯이, 독자들에게 희망을 비롯해 값을 매길 수 없이 귀중한 실제적인 지침을 제공해준다.

이해하기 쉬운 도표, 효과적인 사례 예시, 그리고 복잡한 개념들에 대한 명확한 설명을 통해, 이 책은 모든 치료자들(트라우마 치료자뿐만 아니라)과 생존자들의 책장에 자리잡게 되었다. Fisher는 독자들에게 연민과 격려를 품고 다가와, 광범위한 치유를 위한 특별한 지침을 건네준다.

Fisher의 도표와 워크시트는 전 세계의 치료자 및 생존자들에 의해 사용되고 있다. 그리고 내가 사용하는 트라우마 치료 도구의 중요한 부분이기도 하다. 이 책에서, 그녀는 자료들을 친숙한 설명과 사례들에 효과적으로 결합시켜, 독자들에게 충분히 생동감 있게 다가가게끔 도와준다. 나는 그저 와! 하는 탄성을 내뱉게 될 뿐이다."

— Deborah Korn, PsyD, EMDR 교육원

'모든 기억은 존중받을 가치가 있다

: EMDR, 치유의 힘을 지닌 트라우마 치료[4]'의 저자

---

2) Sensorimotor Psychotherapy Interventions for Trauma and Attachment.

3) The Pocket Guide to Sensorimotor Psychotherapy.

4) Every Memory Deserves Respect: EMDR, the Proven Trauma Therapy with the Power to Heal.

"트라우마 회복 분야에서의 선구자로 널리 알려진 Janina Fisher는 모든 트라우마 생존자와 치료자들에게 치유 과정에서의 탁월하고, 친숙하고, 포괄적인 힘을 건네준다. 신경생물학에 대한 전문적 지식에 기반을 둔 '트라우마의 살아있는 유산 변화시키기'는, 독자들로 하여금 깊고도 지속적으로 변화되는 효과적인 과정을 차근차근 짚어나가며 어린 시절의 상처와 이에 대한 평생의 적응 모두를 살펴보게끔 돕는다. 실용적이고, 영리하고, 현명한 이 책은 당신의 삶을 바꿀 힘을 지니고 있다."

— Terry Real,
관계적 삶 연구소[5] 설립자
'결혼의 새로운 규칙[6]'의 저자

"이 워크북은 치료자와 내담자 모두를 위한 특별한 선물이다. Fisher 박사는 자신의 주특기인 연민을 통해 트라우마의 인지적, 신체적, 감정적, 행동적 잔재의 복잡성을 비－병리화하고 단순화시키는 데 성공한다. 내담자들은 뇌가 트라우마를 처리하고, 저장하고, 기억하는 능력을 비롯해, 촉발 요인 및 파괴적인 대처 전략을 확인하고 다루어보는 방법과 혼돈 애착 및 해리의 영향, 힘을 지니고 있는 현재로부터 안전하지 못했던 과거를 구분해내는 방법 등에 대해 배우는 과정에서 큰 깨달음을 얻게 될 것이다. 그리고 자기－비난과 수치심을 워크시트와 부분에 대한 관점이 새롭게 얻은 통찰, 호기심, 자기－연민, 진정한 치유로 바꾸어놓는 동안, 시각적 보조 자료들이 핵심적인 정보에 쉽게 접근할 수 있게 도울 것이다. 이는 트라우마 생존자를 위한, 트라우마 기반의, 삶을 변화시킬 워크북을 찾는 치료자들을 위한 절대적인 필독서이다."

— Lisa Ferents,
'자기－파괴적 행동을 놓아주기: 희망과 치유의 워크북[7]' 저자

---

5) Relational Life Institute.

6) The New Rules of Marriage.

7) Letting Go of Self Destructive Behanian A Workbook of Hope and Healing.

"Janina Fisher는 이 훌륭한 워크북을 통해 트라우마 회복에 대한 의미 있는 기여를 보여주었다. 이 책은 치유를 이끌어 내는 데 유용한 최신의 접근방법을 비롯해 실용적 기술 및 워크시트들을 담고 있는, 깊게 자리 잡은 트라우마 반응을 해결하기 위한 필수품이다. 강력하게 추천하는 바이다."

- Nancy J. Napier,

결혼 및 가족 치료 전문가

'하루를 헤쳐나가기[8]', '당신의 자기를 재창조하기[9]' 및

'의식적 삶을 위한 신성한 연습[10]'의 저자

"Janina Fisher와 나는 트라우마 치료에서의 안정화에 더 많은 관심을 촉진시키기 위해 오랫동안 애써왔다. 그녀는 이 책에서 자기 자신의 신중하고, 교육적이며, 상식적이고, 풍부한 자원을 지닌 접근을 더욱 발전시키면서, 트라우마 자조 문헌에서 충분히 다뤄지지 못했던 빈틈을 메우고 있다. Fisher는 트라우마 이후에 흔히 나타나는 증상들에 대한 이해를 돕는 것과, 독자들이 각자의 치유 과정을 선택하고, 분배하고, 속도를 정해보도록 독려하는 것 둘 모두의 균형을 성공적으로 유지한다. 이 책은 어떤 종류의 트라우마 치료 및 개별적인 자조 활동에도 훌륭한 도움을 제공한다."

- Babette Rothschild,

'내 인생을 힘들게 하는 트라우마[11]' 및

'마음의 깊은 상처입은 이들을 위한 트라우마 탈출 8가지 열쇠[12]'의 저자

---

8) Getting Through the Day.

9) Recreating Your Self.

10) Sacred Practices for Conscious Living.

11) The Body Remember, Val 1&2 (2000 & 2017)

12) 8 Keys to Safe Trauma Recovery (2010)

"간결하고도 잘 정리된 이 책에서, Janina Fisher는 현대 트라우마 이론의 본질을 비롯하여 수십 년간의 임상적 경험으로부터 얻은 깊은 지혜의 정수를 뽑아내고 있다. 그 결과로, 개인적으로 사용하거나 외상 생존자들과의 전문적 작업을 지원하기 위한, 환영 받는, 독자-친화적인 입문서가 탄생했다."

— Gabor Maté, MD,

'굶주린 유령의 세계에서: 중독과의 조우[13]'의 저자

---

13) In The Realm of Hungry Ghosts: Close Encounters With Addiction.

감사의 글

　책 한 권을 쓰기 위해선 마을 하나가 필요한 법이다. 나는 이 책을 가능케 해준 마을 사람들 모두에게 감사드린다. 먼저, 트라우마 치료 마을의 우두머리인 Bessel van der Kolk와 Judith Herman에게 감사를 드리고 싶다. 그들의 영감, 결의, 그리고 수그러들 줄 모르는 헌신이 없었다면, 우리는 오늘날 트라우마 치료 분야 또는 세계적인 트라우마 전문가 공동체를 누리지 못했을 것이다. 나는 1989년 Judith Herman의 연설을 들었을 때 처음으로 나 자신의 직업적 생애를 트라우마에 바치겠다는 영감을 받았으며, 나의 직업적 포부를 바꾼 그 말들을 지금까지도 기억하고 있다. 그녀는 이렇게 말했다. "사람들이 자신의 유아적 환상이나 정신적인 '병리' 때문에 고통받는다는 것보다는 그들에게 실제로 있었던 일 때문에 고통받는다는 것이 좀 더 타당하지 않습니까?" 실제로 어떤 일이 내 내담자들에게 있었다는 말이 타당하게 느껴졌다 − 실제 있었으면서도 끔찍한 일들이 말이다.

　내 삶과 일의 방향을 바꾸어주었던 또 다른 말은 Bessel van der Kolk의 것이었다: 그는 1994년에 "몸은 기억한다."고 선언했다. 당시에 말도 안 된다고 여겨졌던 것에 대해 말할 용기를 그가 내지 못했더라면, 이 분야는 내가 "트라우마의 살아있는 유산"이라고 부르는 것의 신경생물학적 근원에 대해 결코 밝혀내지 못했을 것이다. 그의 격려와 조언 없이는 나 역시 이러한 새로운 아이디어들을 트라우마 치료에 통합시키는 힘이 되지 못했으리라. Bessel에게, 내가 하는 일의 특권을 가능케 해주어 마음 깊이 감사드린다.

　그리고 Pat Ogden과 감각운동 심리치료가 없었다면, 나는 마음과 더불어 몸에 대해 어떻게 작업해야 하는지에 대해 몰랐을 것이고, 트라우마에 대해 이렇게

나 부드럽고 비폭력적인 치료를 배워볼 기회를 얻지 못했을 것이며, Pat이 너끈히 만들어낸 놀라운 기회를 누려보지도 못했을 것이다.

하지만 무엇보다도, 1990년대 이래로 나의 스승이 되어주었던 내담자들이 아니었더라면, 나는 트라우마에 대해 지금 내가 하고 있는 것만큼 이해하기 어려웠을 것이다. 그토록 재능있고 따뜻한 스승들이 없이는 트라우마 생존자들을 대변할 수 없었을 것이다. 한 명 한 명의 이름을 기재하고 싶은 마음이나, 부디 각자가 자신의 이야기를 알아보기를 바란다. 여러분 모두가 이 책에 반영되어 있는 것들을 내게 가르쳐주었다.

전 세계에 흩어져있는 동료 "마을 사람들"에게도 감사를 표하고 싶다. 그들이 나 개인을 비롯해 우리가 도맡은 임무에 보내주는 지지는 값을 치를 수 없을 만큼 귀중했다. 사랑하는 친우이자 이 분야를 함께 여행하는 동료인 이탈리아의 Giovanni Tagliavini와 Paola Boldrini는 트라우마 및 해리에 대한 이해를 증진시키고 이탈리아의 트라우마 치료자 공동체를 형성하기 위해 끊임없이 노력해왔다. 나의 멋진 노르웨이 친구들인 Trine Anstorp와 Kirsten Benum은 노르웨이에서의 트라우마에 대한 이해를 높이기 위해 자신의 직업적 생애를 헌신했다. 좋은 친구인 호주의 Naomi Halpern은 호주의 치료자들에게 최첨단 외상 훈련을 제공하기 위해 20여 년을 지칠 줄 모르고 애써왔다.

작가들에게는 책을 완성하게 되기까지 기꺼이 잔소리를 하고, 달래주고, 격려하면서도, 또다시 좀 더 잔소리를 해줄 친구와 동료들이 필요하다. 친애하는 벗인 Stephanie Ross와 Deborah Spragg은 내게 늘 최고의 잔소리꾼들인데, 나에게는 할 말이 있으며 이걸 말할 때가 되었다는 것을 종종 상기시켜준다. Deirdre Fay는 내가 해낼 수 있는 것에 대한 선견지명을 내가 그것에 대해 알기 훨씬 이전부터 지니고 있었다. 그리고 나는 그녀가 마침내 내가 그녀를 믿게끔 확신을 준 데 무척이나 감사하다! Lisa Ferentz는 내게 항상 책을 쓰는 데에서의 전문가이자 본보기가 되어주었다. 그녀를 비롯해 우리의 위대한 여성들인 Denise Tordella와 Robyn Brickel에게 감사를 표한다. Terry Trotter, Sally LoGrasso, Phyllis Lorenz, Ellen Odza, Marilynne Chophel, 그리고 목소리 높여 격려해준 나머지 만안지역

감각운동 심리치료 공동체 분들께 감사드린다. 그리고 보다 젊은 세대인 Maren Masino에게, 보다 좋은 작업이 이루어지도록 도울 뿐만 아니라, 내게는 해야 할 말이 있음을 항상 상기시켜준 데 감사드린다.

작가에게는 언제나 자기 마음속에서 분명하게 알고 있는 것을 종이와 소통할 수 있도록 돕는 다른 이의 눈과 귀가 필요하다. 원고의 일부를 읽고 유용한 피드백을 건네준 Audrey Fortin과, 여러 해 동안 변함없는 지지를 보내준 출판사의 Linda Jackson에게 감사를 전한다. 또한 모든 방면에서 지혜롭고 사려 깊게 지도해준 John Braman에게 깊게 감사드린다.

이 책이 내가 처음에 적어 내려갔던 것보다 훨씬 더 잘 만들어질 수 있도록 상세한 관심을 기울이며 도와준, 대단하고 재능있는 편집자인 Miriam Ramos에게 아주, 몹시 특별한 감사를 표한다. 그녀의 치료자 정신은 항상 보다 명확히 기술해야 할 필요가 있는 것들을 볼 수 있게 하였고, 편집자의 눈은 모든 오류와 중복된 말들을 잡아내 주었다.

그리고 마지막으로 몹시 중요한, 내 가족들에게 감사한다. Jadu와 Wendy, Jason과 Kelli, 그리고 나의 멋진 손녀인 Ruby와 Nika에게. 항상 그 자리에 있어주고, 나이든 엄마와 할머니를 그렇게나 잘 살펴주고, 이 책을 참고 견뎌줘서 고맙다! 책을 쓰는 것에는 언제나 가족의 희생이 필요하다. 여러분 모두에게 사랑과 진심 어린 감사를 전한다.

트라우마 생존자들에게

이 책을 이용하는 방법

이 책은 당신을 위해 만들어졌다.

당신이 견뎌냈던 트라우마 사건에 대한 책임이 당신에게 있는 것은 아닐지라도, 그동안 당신은 그 경험으로부터 회복하는 데에서의 어려움을 도맡아 왔다. 더욱이 있었던 일로부터 당신이 어떤 영향을 받았는지에 대해 이해하게끔 도와주는, 혹은 회복의 길로 안내해주는 지도조차도 존재하지 않았다. 이 책의 목적은 ─ 트라우마와 그 영향에 대한 가장 최근의 이해를 바탕으로 하여, 당신에게 앞으로 나아가기 위한 지도와 상세한 방향을 제공하는 것이다.

30여 년 전에는, 숨겨진 비밀들이 마침내 밝혀지며 있었던 일에 대한 이야기를 안전하고도 확실한 사람에게 말할 때 트라우마 경험이 치유될 수 있을 것이라고 여겼다. 하지만, 그때 우리가 믿었던 것과는 달리, 그 과정은 종종 트라우마로 인한 영향을 나아지기는커녕 더 나빠지게 했다. 내가 그 당시에 이건 정말 부당한 일이라고 생각했던 것이 기억난다. 어째서 누군가가 이미 겪었던 괴로움을 치유하기 위해 더 많은 괴로움이 수반되어야 하는가? 달리 누구도 이에 의문을 제기하는 것 같지 않았다. 이것이 생존자들이 그토록 도달하고 싶어했던 목적지에 가까워지는 데 별반 도움이 되지 않았다 하더라도, 그게 우리가 1990년대에 가지고 있던 유일한 지도였기 때문이다.

트라우마 분야에서의 내 첫 번째 스승인 Judith Herman은 조금 다른 믿음을 지니고 있었다. 그녀는 생존자들이 필요로 하는 것은 정보라고 굳게 믿었다. 그들은 트라우마를 비롯하여 그것이 미치는 모든 영향과 징후에 대해 교육받을 필요가 있었다. 자신의 삶과 치료에 대한 현명한 선택을 내릴 수 있을 만큼 충분히 알아야 했다. 그녀는 생존자들이 수동적으로 치료를 받는 사람이 아니라 치료자와 온전한 협력자가 되는 것이 중요하다고 말했다. 트라우마의 피해자로서, 그들은 힘을 잃고 선택권을 빼앗겼다. Judith Herman이 말한 해결책은 앎의 힘이며, 수년간 그들을 괴롭혀왔던 알 수 없는 강렬한 반응을 이해할 수 있게끔 하는 방법이기에, 이를 통해 자신이 미쳤다거나 비정상적이라고 느끼지 않을 수 있게 된다. 하지만, 여기에 한 가지 문제가 있다. 1장에서 보게 되겠지만, 위협과 위험은 생각하고, 계획하고, 기억하는 능력을 지닌 뇌의 부분을 자동적으로 정지시켜 버린다. 생각하는 것은 너무 오래 걸린다. 본능적인 생존 반응은 훨씬 빠르다. 몸은 어떻게 하면 위험에서 벗어날 수 있을지에 대해 고민하며 서 있는 것보다는 지금이라도 달리기 시작하는 것이 낫다는 원칙에 따라 작동한다.

어쩌면 당신은 새로운 정보가 심지어 나를 안심시켜주는 것이더라도 이를 실제로 소화시키기가 어렵다는 점을 이미 알고 있을 것이다. 이는 수년간의 학대에 의해 조건화된 외상화된 뇌가, 당신이 촉발될 때마다, 그리고 당신이 취약하고 위협받는다고 느낄 때마다, 혹은 누군가가 트라우마라고 말하는 것을 당신이 들을 때마다 멈추어버리기 때문이다. 이 문제를 해결하기 위한 방법을 찾아다니던 중, 나는 내가 설명하려고 하는 것을 그림으로 그려보는 게 도움이 된다는 점을 알게 되었다. 이러한 단순한 이미지들은 생각하는 뇌를 깨워내는 것처럼 보였으며, 보다 쉽게 명료히 볼 수 있게끔 도와주었다. 청소년들도 이렇듯 단순한 도표를 이용해 설명할 때에 뇌와 신경계에 대한 정보를 보다 이해하기 쉬웠다고 여겼다.

이 워크북은 치료자의 조력을 받고 있거나 그렇지 않은 상황 모두에서 당신을 돕기 위해, 그리고 트라우마를 비롯해 이것이 몸과 뇌에 미치는 영향에 대한 가장 최근의 이해에 대해 치료자 및 생존자 모두에게 교육하기 위해 만들어졌다. 트라우마 전문 치료자와 함께 이 책을 활용하는 것을 추천하기는 하나, 당신 혼자서도 사용해볼 수 있다. 모든 생존자들이 전문적인 트라우마 치료를 받을 수 있지는 않으며, 때로는 그 어떤 치료도 받기 어려운 상황일 수 있다. 어떤 상황에서든, 스스로 활용해볼 수 있는 안내서를 지니고 있는 것은 많은 도움이 되며, 숙련된 치료자와 함께할 수 있을 때에도 마찬가지이다.

트라우마로 인한 많은 결과들 중 하나는 인간에 대한 신뢰의 상실이다. 취약성에 대한 두려움, 의존에 대한 공포증, 자기-노출에 대한 두려움, 슬픔에 대한 조심스러운 회피, 분노 등도 흔히 나타나는 증상이다. 이러한 두려움들은 아이를 자신을 돌보아주는 사람마저도 신뢰할 수 없을 정도인, 눈물과 분노가 처벌당하고, 정서적 욕구가 학대당하고, 의존하는 것이 위험한 세상에서는 적응적일 수 있다. 하지만 이런 경험은 트라우마 치료를 매우 어렵게 만든다. 우리는 치료에서 모든 취약성들을 피해다닐 수는 없으며, 자연스럽게 생겨나는 정상적인 의존성이나 의존하고 싶은 소망을 막아낼 수 없고, 눈물이나 분노를 금지시킬 수도 없다. 치료자들은 자신의 모든 신체적 본능이 "위험, 위험-이 사람을 믿지 마시오-신뢰하지 마시오."라고 경고할 때 누군가를 신뢰하는 것이 얼마나 어려운 일인지를 깨닫지 못한 채로 내담자가 믿어주기를 당연하게 바란다. 나는 트라우마에 대해 교육하는 것이 연구 및 문헌들로부터 나온 사실적인 정보들을 내담자에게 제공해준다는 점에서 도움이 된다는 점을 알게 되었다. 나는 그들에게 나 자신이나 내 의견을 믿어달라고 하지 않았다. 사실을 믿어달라고 한 것이다. 대부분 한 명의 인간으로서의 나를 믿는 것보다는 정보를 신뢰하는 것을 더 쉽게 여겼다. 도표를 통해 자신의 타당성을 입증받는 느낌을 받았으며, 자신의 행동과 반응이 정상이라는 것을 배우며 안심할 수 있었다. 그리고 내담자들에게 이러한 도표 사본들을 숙제로 더 자주 내줄수록, 내담자들이 치료 회기 사이에서 중심을 잡고 안정감을 유지하는 데 더 도움이 되는 것으로 보였다.

이 워크북의 세 가지 목적은 다음과 같다. 당신의 가장 혼란스럽고, 이해하기 어렵고, 심지어는 수치스러운 증상들을 이해할 수 있도록 돕는 것, 당신의 일상에 영향을 미치는 트라우마 경험의 살아있는 유산을 인식할 수 있는 방법을 알려줌으로써 회복을 돕는 것, 그리고 새로운 반응 방식을 연습하는 것.

이 책의 사용 방법에 대한 몇 가지 제안

이 책은 외상적 기억을 다루기 위한 책이 아니며, 트라우마의 영향 ─ 신체적 영향, 정서적 영향, 그리고 그것이 만들어낸 믿음에서의 변화 ─ 로부터 회복하도록 돕는 목적을 지니고 있다. 당신이 아직 트라우마로부터 영향받은 모든 것들에 대해 알고 있지는 않을 수 있는데, 당신이 이해할 수 없는 매우 고통스럽고 압도적인 감정들이 트라우마 증상일 가능성이 있음을 고려해보기를 바란다. 자기 파괴적 충동, 비판적 사고 및 두려운 생각, 무감각하거나 단절된 느낌 역시 트라우마로부터 영향을 받은 것일 수 있음을 고려해보라. 나는 트라우마 생존자들이 심지어 감정을 느끼지 못하는 상황에서도 너무 많은 감정으로 인해 고통스러워한다는 것을 알게 되었다. 감정이 전혀 없다는 것은 우리가 견뎌낼 수 있는 범주를 넘어서는 느낌에 대해 몸이 보이는 반응이다. 당신이 살아있는 한, 감정이나 몸으로부터 무감각해지고 단절된 상황에서도 무언가를 느끼게 된다.

서두르지 말고, 천천히 살펴보라. 이게 당신을 압도하거나, 멈추어버리게 만든다면 도움이 되지 않을 것이다. 전부 다 읽어야만 한다는 식으로 느끼지 말고, 서둘러 해내야만 한다는 압박감이 트라우마와 관련되어 있을 수 있다는 가능성을 염두에 두라. 한 번에 한 주제씩 읽어보고, 며칠에서 몇 주에 걸쳐 그 내용을 충분히 소화해보고, 워크시트 하나를 해보고, 그게 어떻게 느껴지는지를 살펴보고, 그러고 나서 다음 주제로 넘어가 보길 바란다. 도움이 되는 워크시트가 있다면, 여러 부 복사해놓고 사용해볼 수도 있다. 특히 당신이 힘겨운 시간을 보낼 때에도 활용해볼 수 있을 것이다. 좋은 워크시트는 마음을 가다듬고, 중심을 잡으면서 나 자신을 이해할 수 있게끔 도울 수 있다. 워크시트가 나를 지나치게 촉발시키는 것 같거나 생각하기 어려운 것이라면, 나중에 할 수 있도록 미뤄놓거나 남겨놓을 수 있으며, 하지 않고 넘어가도 좋다.

당신은 이 과목에서 A를 받을 필요가 없다! 이 책은 당신에게 또 다른 압박이나 부담, 목표가 아니라 ― 치유의 협력자가 되기 위해 만들어졌다.

당신에게 와닿는 것들을 더 많이 해보도록 하라. 어렵거나 자신과는 상관이 없다고 생각되는 부분은 비교적 덜 해보아도 괜찮다. 워크북에는 당신에게 지금 필요하거나 당신과 관련이 있는 정보들도 수록되어 있지만, 뻔해 보이거나 당신이 겪고 있는 것과 관련이 없는 내용들도 포함되어 있다. 쓰인 순서대로 한 단락씩 쭉 읽어나가기보다는, 내 마음이 가는 대로 골라보고, 선택해보아도 된다. 당신에게 지금 당장 필요한 것에 집중하는 법을 배우는 것은 회복에 필요한 중요한 기술이다.

하지만, 이 책의 특정 부분에 대해 당신이 강한 부정적 반응을 보인다면, 그 자체에 대해 호기심을 가져보라. 이유를 밝혀내야 한다는 압박감을 느끼라는 것이 아니라, 그토록 강렬한 부정적 반응은 어떤 두려움이나 트라우마와 관련된 저항이 촉발되었음을 의미할 수도 있다는 점에 대해 고려해보아라. 저항을 부정적 반응으로 간주해서는 안 된다 ― 이는 그저 우리가 위협감을 느꼈음을 의미하는 것이다. 그리고 위협이나 위험에 대한 느낌들에 호기심을 갖는 것 자체는 언제나 우리의 이해를 증진시켜 준다. 이것이 당신이 그 부분을 다루어야만 한다는 말은 아니다 ― 단지 당신의 불신이나 혐오에 대해 호기심을 가져보라. 만약 할 수 있다면, 워크시트가 마음에는 들지 않더라도 한 번 사용해보라. 당신이 생각하는 것만큼 별로인지를 살펴보기 위해 "시험 운전"을 해보라. 여기에 실려 있는 것들 중 당신이 마음이 가지 않는 것들도 시도해보고, 그게 도움이 됐는지를 살펴보라. 도움이 되지 않거나, 압도적으로 느껴졌다면, 나 자신에게 다른 것들을 해볼 수 있게 해주라. 이후에 언제라도 건너뛰었던 부분이나 워크시트로 돌아와서, 이전에 보았던 것보다 나와 좀 더 관련이 있게 느껴지거나 덜 어렵게 느껴지는지를 살펴볼 수 있다.

　　그리고 트라우마의 영향과 증상은 당신이 원했거나 통제할 수 있는 게 아니라는 것을 기억하라. 하지만, 이에 대해 이해하는 것은 당신이 자기 자신으로서의 삶을 좀 더 편안하게 누릴 수 있도록 도울 것이다.

　　우리의 뇌와 몸은 생존을 우선시하도록 만들어져 있기에, 트라우마는 이와 관련된 특정한 방식으로 인간에게 영향을 미치게 된다. 우리의 몸과 뇌는 본능적으로, 반복되는 같은 위험으로부터 우리를 보호하기 위해 예상되는 패턴을 생각해내는 방법을 이용해 트라우마에 적응한다. 당신이 증상(우울감, 무망감, 플래시백, 두려움과 공포증, 버림받는 것에 대한 두려움/친밀감에 대한 두려움)에 의해 압도되거나 고통받고 있다면, 이러한 반응들은 사실 생존 전략에 해당된다는 것에 대해 생각해 보라. 플래시백은 우리가 경계하도록 한다. 우울감과 무망감은 우리가 멈춰버리게끔 해서, 우리가 눈에는 보일지언정 우리로부터 나는 소리가 들리지는 않게 한다. 두려움은 우리가 맺는 관계와 행동할 자유를 제한한다. 수치심은 우리가 보이지 않는 곳으로 물러나게끔 한다. 각각의 증상은 당신의 뇌와 몸이 만성적인 위협 상태에 적응하는 방식을 보여준다. 트라우마의 살아있는 유산으로 인해 좌절하게 될 때면, 당신 자신이 아니라 당신의 뇌와 신경계에게 책임을 물어라!

　　당신을 몰아붙이거나 지나치게 무리하지 말며 - 포기해버리지도 말라. 생존에는 노력이 들고, 한계까지 밀어붙이는 것과 "어려워도 계속 해봐"라는 태도를 수반하기 때문에, 치유의 과정이 가능한 쉬워야 한다. 포기는 치유가 아니다. 자기-판단적 태도도 마찬가지다. 하지만, 천천히 그리고 쉽게 가기 위한, 무엇도 밀어붙이지 않기 위한, 압박이나 판단으로부터 자유로운 채로 자기 자신의 어려움에 도전하기 위한 선택을 만들어가는 것은 치유 작업에서의 중요한 원칙이다. 이 워크북을 사용하는 데 옳고 그른 방법은 없다. 회피하고 싶었던 것을 마주했다면, 그 회피하고 싶은 충동 자체에 호기심을 기울여보고 궁금해하는 데 시간을 써 보라. 그리고 나서는, 그것과 씨름해보는 것과 무시해버리고 싶은 충동을 따라가는 것 사이에서 사려 깊은 결정을 내려보라. 당신은 이걸 지금은 무시해 버리기로 결정할 수도 있고, 무엇이 그렇게 위협적인지에 대해 살펴보려 할 수도 있고, 아니면 그 부분을 그냥 넘어갈 수도 있다.

마지막으로, 치유와 회복을 향한 당신의 여정이 잘 이루어지길 기원한다. 거의 40여 년에 이르고 있는 나의 직업적 소명은 트라우마에 대한 국제적인 인식과 이해를 증진시키고, 트라우마 생존자들이 살아남은 이후로도 오랫동안 짊어지고 온 트라우마의 살아있는 유산을 해결하기 위한 치료를 지원하는 것이었다.

당신이 살아남아 기쁘다. 그리고 이제는 치유할 시간이다. 당신이 가는 길을 이 워크북이 도울 수 있기를 소망한다.

치료자들에게

당신과 내담자가 이 책을 이용하는 방법

트라우마의 살아있는 유산 변화시키기는 트라우마 분야에서 가장 영향력 있는 두 선구자, Judith Herman과 Bessel van der Kolk의 아이디어로부터 영감을 받았다. 나는 운 좋게도 트라우마 치료의 의미에 대한 우리의 생각을 변화시킨 신경생물학적 혁명의 시작점이었던, 1990년대 초반에 Judy Herman에게 배울 수 있었을 뿐만 아니라 1995년이 시작될 무렵 Bessel을 오랜 시간을 함께한 동료이자 멘토로 두고 있었다. "몸은 기억한다"의 Bessel van der Kolk의 이론에 영감을 받아 이루어진 트라우마 기억에 대한 연구는, 이 분야의 방향을 사건−중심에서 경험−중심으로, 감정−중심에서 뇌−중심으로 변화시키는 데 기여했다. 트라우마 치료의 목표가 변화되고, 트라우마 경험의 장기적 영향에 대한 우리의 이해가 증진되면서, 우리가 돕고자 하는 사람들에게 덜 압도적이면서도 힘을 더 실어주는 새로운 접근의 필요성이 점차 명백해져 갔다.

그러나, 트라우마 치료 분야의 방향을 변화시킨 이들에는 지도자와 선구자들 뿐만이 아니라, 생존자들 역시 자리하고 있었다.

내담자가 사건 기억을 되살리며 이에 대한 이야기를 하고, 이를 치료자가 비판단적으로 온전히 들어주는 것에 초점을 두었던 초기의 트라우마 치료들은 치료자와 내담자가 처음에 기대했던 것만큼의 효과를 전혀 얻지 못했다. 트라우마를 경험한 내담자들은 자기 이야기를 하는 것에서는 기대했던 안도감을 얻을 수 없었음을 우리에게 가르쳐주었다. 불러일으켜진 압도적 감정은 개인이 견딜 수 있는 범주를 초과하기 때문에, 치료적 가치가 일관되게 나타나지 않았다. 있었던 일에 대해 이야기하고 감정적 반응을 느껴보는 것은 종종 치유보다는 트라우마의 재경험과 괴로움으로 다가왔다. 많은 사람들이, 현재에 머무르면서 동시에 그 사건에 대해 말하는 것을 어려워했기 때문에, 자신이 말했던 일에 대해 회상해내지 못했다. 그리고 더 많은 사람들은 누군가가 들어주었던 것을 느끼거나 기억해내지 못하기도 하였다. Judith Herman은 내담자들이 이야기를 하는 동안 자신이 관찰한 바로 인해 상당히 놀랐다고 한다. 어떤 이들은 더욱 자기-파괴적으로 되거나 더 많은 자살 충동을 경험하였으며, 압도되는 느낌을 조절하기 위해 약물과 알코올을 사용하기 시작하거나, 더 이상 평소처럼 기능할 수 없었다. 그녀는 트라우마 치료로 인해 더 많은 고통이 초래되거나, 이미 충분히 고통받아온 사람의 삶에 더 많은 어려움을 주어서는 안 된다는 점을 분명히 했다.

그래서 이 분야에서 있었던 초창기의 수많은 선구자들과 마찬가지로, 그녀는 Pierre Janet 박사가 1800년대 말에 처음으로 제안했던 아이디어로 눈을 돌렸다. 이는 내담자와 치료자가 먼저 증상 및 감정에 대한 안정화에 집중하여, 이후 안전한 위치에서 외상적 과거를 다룰 수 있도록 기반을 다져두는 단계적 치료 모델이다(Herman, 1992). 페미니스트로서, 그녀는 권력 및 특권과 관련된 문제에 특별히 주의를 기울였으며, 치료적 관계에 내재되어 있는 불평등을 우려하여, 생존자가 트라우마에 대한 전문가가 되도록 교육하는 것에서부터 시작하는 접근을 개발했다. 목표는 지식의 평준화를 통해 권력의 균형을 맞추는 것이었다. 치료자가 알고 있는 것들을 생존자도 알 수 있게 된다면, 이 둘은 트라우마 작업에서 서로 동등해질 수 있을 것이다. 이것은 1990년에는 급진적 아이디어였다. 당시, 심리교육은 심리치료 계에서 설 자리가 없었다. 이는 지나치게 지적인 작업이며 ─ 치료가 아니라고 여겨졌다.

그럼에도, Judith Herman 클리닉의 박사 후 전임의로서, 나는 내 내담자들을 괴롭히는 느낌과 증상들을 정상화할 수 있게 도와줄 심리교육 방법을 배우기를 기대하게 되었다. 그녀는 그들의 자살경향성, 자해, 무망감, 고립되는 경향, 불신, 버림받는 것에 대한 두려움을 정상화하는 것이 수치심을 줄여줄 것이며, 자기 자신을 모욕을 당한 피해자 대신에 기발한 힘을 지닌 생존자로 느끼게끔 도울 것이라고 보았다. 늘 쉽지만은 않았지만, 공감이 함께 하는 한, 그리고 그 공감이 그들의 취약성에 대한 것이 아니라 그들이 어떻게 살아남았는지에 대한 것일 때, 이러한 교육에 반대하는 내담자는 거의 만나보지 못했다. 심리교육은 모든 세부 사항들을 살펴보며 압도적인 감정을 재경험하는 절차 없이도, 그들이 겪어온 것들에 대해 보다 쉽게 이해할 수 있도록 도와주었다. 그리고, 더 쉽게 희망을 갖고, 회복할 수 있다는 믿음을 갖게 했다. 결국, 그들은 살아남은 것이다!

그 다음으로는, Bessel van der Kolk의 클리닉에서 중요한 교훈을 얻을 수 있었다. 그의 클리닉은 특정 사건보다는 어린아이들에게 누적되어온 분리 및 애착 문제, 방임, 학대, 가정폭력 등의 영향에 초점을 두었다. 내담자들 중 단 한 가지의 트라우마 사건을 경험한 경우는 드물었다. 대부분이 방임 및 애착 문제의 맥락 내에서, 여러 다른 가해자들에 의해 다양한 사건들을 견뎌왔다. Bessel의 임상 팀 회의에 참석한 슈퍼바이저로서, 나는 초반의 뇌 스캔 연구 결과로 나타난 트라우마의 본질에 대한 새로운 정보를 매주 접하였다. 트라우마 기억의 특징에 대한 그의 첫 연구에서, 실험에 참가한 피험자들이 트라우마 사건을 떠올렸을 때 전전두엽 피질(특히 언어적 기억 및 표현을 담당하는 좌반구 영역)이 비활성화되는 반면, 뇌의 비언어적 영역(변연계, 특히 편도체)은 매우 활성화된다는 것이 드러났다. 즉, 이들은 언어로 기억하는 능력을 잃고, 신체적이고 감정적인 방식으로 기억했다. 이 연구는 마침내 왜 그렇게 많은 내담자들이 자신이 경험했던 사건에 대한 외상성 기억상실증을 겪는지, 또 왜 그러면서도 많은 증상이 나타나는지에 대한 이해를 도왔다. 이들은 사건에 대한 연대기적 기억으로부터 유리된 채로, 언어의 형태를 취하지 못한 감각적 파편들로 자신의 트라우마를 경험하고 있었다.[14]

트라우마 경험의 비언어적이고 감각적인 요소들은 때때로 있었던 일의 유일

---

14) van der Kolk & Fisler, 1995, p. 516.

한 기록이 되기도 하며, 그 느낌과 신체적 반응이 과서의 것처럼 느껴지지 않고 ― 마치 지금 여기에서 일어나는 현재의 것으로 느껴지는 등으로 인해 해결할 수 없는 채로 살아있는 유산을 구성하게 된다. 심지어는 내담자의 증상이, 즉 치료를 받으려는 이유 자체가, 대개 작업 내에서 트라우마 기억의 증거가 되었다. Judith Herman의 동료인 Mary Harvey는, "트라우마 생존자들은 기억 대신 증상을 가지고 있어요."라고 말하곤 하였다.15) Bessel van der Kolk의 연구는 그녀가 옳았음을 증명하고 있었지만, 대부분의 내담자들은 자신이 두려움, 수치심, 분노, 공포를 느꼈을 때를 기억하고 있다는 것을 알지 못했다. 그리고 대부분의 치료자들 역시도 마찬가지였다.

이러한 맥락에서, 증상 및 반응에 대해 내담자들에게 교육해주어야 한다는 것이 더욱 중요해졌다. 하지만 이제 심리교육을 한다는 것은 그들의 뇌가 어떻게 기능하는지에 대해 설명해야 한다는 걸 의미했다. 더욱이, 연구 결과를 통해 볼 때 트라우마 반응으로 인해 작업 기억과 언어 표현 능력이 제 기능을 하지 못하고 있다는 게 드러났음에도 불구하고, 우리는 이러한 복잡한 개념들을 설명하기 위해 노력해야 한다. 나는 여러 시행착오를 통해 이렇듯 복잡한 정보들을 단순화시키고 내담자들이 이에 쉽게 접근할 수 있도록 하기 위해, 처리해야 할 단어의 수를 줄일 수 있게끔 간단한 도표로 표현하는 것이 도움이 된다는 것을 알게 되었다.

놀랍게도, 나의 "잘 모르는 사람을 위한 뇌 과학" 방식을 대부분의 내담자들이 이해할 수 있었다. 게다가 내가 개념들을 말로 설명할 때보다 그림을 통해 묘사할 때 더 쉽게 주의를 기울일 수 있었다. 사실, 내가 단어를 적게 이용할수록, 그들에게는 더 나았다!! 그 후, 그 도표를 자신과 다른 사람들이 사용할 수 있도록 출판해달라고 부탁한 동료 덕분에, 나는 첫 번째 플립차트16)를 만들어 "심리

---

15) personal communication, September 23, 1990.
16) 강연 등에서 뒤로 한 장씩 넘겨 가며 보여주는 큰 차트.

적 트라우마 치료를 위한 심리교육 보조자료"라고 이름 붙였다. 심리교육은 협력적 과제이기 때문에, 플립차트로 만들어야 했다. 이 방식은 내담자와 치료자가 도표들을 함께 볼 수 있도록 한다. 같은 페이지를 보는 동안 신체적으로 아주 가까이 있지 않아도 되게끔 이젤이나 받침대에 세울 수 있어야 했고, 동시에 둘 모두가 볼 수 있을 정도로 크기가 충분히 커야 했다.

그로부터 10년이 지난 지금, 이 워크북은 플립차트와 같은 방식으로 만들어졌으며, 도표들을 더 자세히 보여주고, 치료 회기 내에서나 집 안에서 사용할 수 있는 트라우마 반응을 다루기 위한 책략들을 제공해준다.

워크북을 내담자와 함께 사용하기

내가 치료자에게 하는 첫 번째이자 가장 중요한 권고는 느리게 가는 길이 더 빠른 길이라는 것이다.

워크북을 추천하거나 숙제로 내주기 전에, 먼저 여기서 다루는 내용들에 대한 내담자의 관심을 불러일으켜라. 심리교육이 학구적인 방식으로만 이루어질 필요는 없으며 ‒ 상당히 관계적인 방식으로도 진행해볼 수 있다. 그리고 여기에는 내담자의 상태와 관심에 대한 조율이 동반된다. 워크북을 사용할 이유가 준비되기 전에 추천을 먼저 하는 경우, 내담자가 이것을 실제로 사용할 가능성이 적어진다. 내담자의 호기심이나 관심을 먼저 불러일으킨다면, 그 내용을 살펴볼 마음이 생겨날 것이다. 그리고 호기심을 불러일으키는 가장 쉬운 방법은, 내담자에게 첫 번째 플립차트 표인 "트라우마의 살아있는 유산"을 보여주는 것이다.

플립차트를 소개할 때면, 나는 다음과 같이 말하곤 한다. "어째서 그동안 그렇게 어려워했는지, 미쳐버릴 것처럼 느껴졌는지, 압도된다고 느껴졌는지에 대해서 이해하는 데 도움이 될 만한 것들을 보여줘도 될까요?" 그리고는 첫 번째 도표인 [그림 1-1]을 보여준다. 이것은 대부분의 내담자들이 겪고 있는 문제와 증상들에 관련이 있기 때문이다. 참고로, 플립차트와 워크북 모두 순서대로 써야만 하는 것은 아니다. 사실, 이 작업은 내담자가 문제를 마주하거나 당황스러워하는 바로 그 순간에 공감하고 반응하는 수단으로 사용할 때 치료적 효과가 가장 좋다. 그리고 고맙게도, 그런 순간에 이 첫 번째 도표가 도움이 된다.

플립차트와 워크북이 자신에게 의미와 관련이 있다고 느껴야 하기 때문에, 나는 치료자가 먼저 워크북을 (최소한 초반의 몇 부분 정도라도) 읽어보고 여기서 다루는 주제들에 익숙해질 수 있도록 한다. 이는 보다 쉽게 내담자가 그 순간에 필요로 하는 것에 자연스럽게 반응할 수 있게 하고, 개념이나 내용이 가르쳐줄 수 있는 것들에 대해 진정한 관심이나 재미를 가져볼 수 있게끔 도와준다.

내담자의 즉각적인 요구를 치료자가 이와 관련된 플립차트나 워크북 자료로 연결시켜주는 것과 같은 관계적인 힘은 매우 강력하다. 외상화된 사람들은 대개 자신의 느낌과 욕구에 대한 자연스럽고 조율된 반응을 경험해보기 어렵다. 내담자가 현재 경험하고 있는 고통감과, 자신이 느끼는 것을 타당화하거나 정상화해주는 큰 맥락을 연결해줄 수 있을 때, 그들에게 안도감을 안겨줄 수 있다.

Carla는 자신을 조절하기 힘든 상태인 채로 처음 내방하였다. 그녀는 의자 끄트머리에 앉았으며, 초조해하고, 떨면서, 간신히 알아들을 수 있을 정도로 빠르게 이야기했다. 그녀의 몸과 마음에 갑작스럽게 넘쳐흐르기 시작한 트라우마 관련 반응으로 인해, 압도되고 혼란스러워하던 이 유능한 전문가는 다른 치료자 몇으로부터 도움을 구해보기도 하였으나, 외상적인 어린 시절에 대한 이야기를 나눠보는 것을 통해서는 오직 증상과 감정이 더욱 심화되기만 하였다.

먼저, 나는 그녀의 경험을 타당화하고 정상화 해주어야 했다. Carla가 있는 곳에서 만나, 무슨 일이 일어나고 있는지를 가르쳐 주어야만 했다. 나는 그녀에게 "당신은 흘러넘치는 상태인 거예요. - 그게 문제예요,"라고 말했다. "당신의 몸과 신경계가 지나치게 활성화되어 있어서, 당신이 알맞게 생각할 수가 없는 겁니다." 그녀는 동의하며 다음과 같이 말했다. "제가 안심할 수 있는 유일한 순간은 일하고 있을 때예요. - 적어도 몇 시간 정도는요."

나는 "네, 정말로 맞는 얘기예요,"라고 답하며, 그녀를 다시 타당화하였다. "외상적 활성화가 당신의 전전두엽 피질을 멈춰버리게 하고 있어요. 당신이 일에서 안도감을 얻는 이유는, 당신의 일이 전전두엽 피질을 자극하기 때문입니다. 제가 뭘 좀 보여드려도 될까요?" 그녀가 고개를 끄덕였기에, 나는 해당하는 표가 실려 있는 플립차트를 펼쳐 그녀에게 보여주었다. 바로 그때, 그녀가 집중하기 시작하면서 그녀의 몸이 약간 진정되는 것을 내 눈으로 볼 수 있었다. "뇌는 압도적인 경험을 그 사건 자체로서보다는, 주로 느낌과 몸의 기억으로 지니고 있어요 - 그리고 그게 당신을 압도해왔던 겁니다. 당신은 자기 자신이 미쳐가고 있다고 생각했을 거예요!" 나는 대부분의 트라우마 생존자들이 갖고 있는 가장 깊은 두려움에 대해 말한 후, 그녀를 안심시켜주기 위해 플립차트를 활용하였다. "하지만 그건 정상적인 반응이에요 - 여기에서 볼 수 있는 것처럼, 트라우마 경험은 '편도체'라고 불리는 이 작은 부위에 기록되는데, 이것은 증상이 매우 강렬하게 나타나게 되는 이유가 돼요. 당신은 어떤 이미지나 플래시백을 경험하는 게 아니라 - 당신을 압도시켜버리는 감정적이고 신체적인 반응을 겪고 있는 건데, 그 이유는 그게 바로 트라우마 기억이기 때문이에요. 그리고는 당신의 전두엽이 멈춰버리는 거죠! 그래서, 당신은 이 모든 불안을 당신 몸 안에 품고 있으면서도 그걸 이해할 방법은 갖고 있지 않은 거예요." 설명을 듣고 도표를 살펴보는 동안 Carla의 동요가 점차 가라앉는 것이 보였다. "우리가 당신의 전두엽이 연결된 상태를 유지시킬 수 있다면, 좀 나아질 거예요. - 당신이 일을 하고 있을 때 그런 것처럼요." 이에 Carla는 "이런 식으로 느끼지 않게 도와 줄 만한 거라면 뭐든지 관심 있어요!"라고 답했다.

어떤 종류의 개입을 제안하든, 그 전에 내담자가 관심을 보일 때까지 기다려라. Carla와 같이 외상화된 사람들은 다른 사람들과의 만남에서 자신이 어떻게 보이는지에 매우 민감하며, 이 워크북이나 다른 개입들을 너무 일찍 권유해주는 것이 그들의 흥미를 꺾어버릴 수도 있다. 내담자가 말했던 고민들로부터 워크북의 필요성을 보여줄 만한 근거를 찾아내도록 하라. "트라우마에 대한 이러한 설명이 잘 이해된다면, 당신이 도표와 같은 내용을 담고 있는 워크북에도 관심이 있을 것 같네요…." 또는 "이 설명이 타당하게 느껴진다면, 워크북도 당신 마음에 들 것 같아요…."와 같이 접근해볼 수 있다. 여기서 내가 워크북을 직접적으로 권유하지는 않는다는 것을 볼 수 있다. 대신, 그것이 출처라는 것을 언급해두고 그저 내담자에게 맡겨두어서 호기심을 불러일으킬 수 있도록 한다. 혹은 그냥 커피 테이블에 올려놓고 내담자가 그것을 매주 보며 점차 궁금해하도록 할 수 있다. 또는 작업을 진행하면서 참고할 수도 있다. "이건 워크북에 있는 내용을 생각나게 하네요…. 제가 보여줘도 괜찮을까요?" 또는, "저는 이 워크북을 읽어봤는데, 당신에게 유용할 거라는 생각이 들어요. — 제가 여기서 뭘 좀 보여줘도 될까요?"와 같이 내담자와 나눠볼 수 있다.

트라우마는 타인이 원하는 것을 하도록 강요받는 경험이라는 것을 기억하라. 그렇기에, 우리가 내담자에게 무엇이 도움이 될지에 대한 확신을 가지고 있을 때라 하더라도, 트라우마 치료에서는 치료자가 선택지를 제공해주는 것이 매우 중요하다. 어떤 내담자들은 글만 읽어보고 싶어 하지만, 어떤 이들은 워크시트를 맘에 들어 하며 이것을 사용해 보고 싶어 하기도 한다. 어떤 사람들은 숙제라는 단어에 부정적인 반응을 보일 수도 있는데, 학습과 관련된 어려움이 있거나 고통스러운 교육 경험을 지니고 있다면 더욱 그렇다. 실패나 창피함을 두려워하는 경우, 워크북이 도움이 되는지를 확인해보기 위한 실험을 해보자고 제안할 수도 있다. 내담자가 겪고 있는 것을 보여주는 도표를 읽어보고, 내담자와 협력하여 워크시트를 작성하며 내담자가 이것을 의미 있게 느끼는지를 살펴볼 수 있다. 내담자에게 가해지는 부담이 적을수록, 치료가 더 협력적으로 느껴질 것이다. 도표나 워크시트가 유용하지 않거나 추측한 바가 틀렸을 경우에 우리가 쉽게 자신의 잘못을 인정할 수 있다면, 대부분의 내담자들도 이후에 이 자료들을 보다 쉽게 시도해볼 수 있을 것이다. 또한 플립차트를 통해 타당화되는 느낌을 받으면 받을수록, 워크북도 그러할지를 더 기꺼이 확인해보려 할 것이다.

"한 번에 받아들일 수 있는 정도의" 정보가 주어지는 것이 매우 중요하다. Carla의 경우에서 보았듯이, 생각하는 뇌에 외상적 활성화가 미치는 영향에 대해 기억해두라. 우리의 내담자들은 너무 많은 정보들을 한 번에 처리할 수 없기 때문에, 다른 내용을 소개하기 이전에 받아들일 수 있을 만한 작은 조각들부터 건네주어야 한다. 각 도표는 각기 다른 개념들에 대해 설명하고 있으며, 대부분의 경우, 한 회기당 하나의 개념이나 최대 2개의 관련 플립차트 페이지만 소개하는 것이 더 좋다. "느리게 가는 것이 더 빠르다"는 표현은 내가 트라우마 작업과 관련된 경력 초반에 배웠던 것으로, 마음이 급한 내담자마저도 안심시켜줄 수 있는 표현이다. 새로운 정보를 한 번에 받아들일 수 있는 정도의 크기로 제공해주면, 내담자가 이를 온전히 받아들이거나 관심을 가질 수 있게 되며, 결과적으로는 보다 빨리 진행할 수 있게 된다. 반대로 너무 많은 정보를 제공해주어 내담자가 압도된다면, 진행 속도는 느려질 것이다. 이러한 경우, 내가 심리교육을 좀 더 진행하려고 하면 내담자가 새로운 정보가 주어지는 것을 꺼려하거나 나를 신뢰하는 데 어려움을 겪을 수 있다.

과제-지향적인 방식으로 이 책을 사용하지 않도록 하라. 내담자에게 이것 자체가 중요한 것이 아니며, 이것을 자원으로 활용할 때 더 가치가 있다. 모든 종류의 트라우마 치료의 효과를 지원하고자 하는 목적을 지니고 있기 때문에, 내담자가 이 책을 자원이자 협력자로서 경험하는 것이 중요하다. 이 워크북은 안구운동 민감소실 및 재처리(EMDR; Shapiro, 2001)의 준비 단계를 비롯해, 삼각운동 심리치료 (Ogden & Fisher, 2015) 및 신체 경험[17](Levine, 2015)과 같은 신체−기반 접근에서 도 사용될 수 있다. 모든 유형의 트라우마 처리 이전에 내담자를 안정시키는 것이 나, 혹은 단순히 내담자가 자신의 기능을 회복하도록 돕는 데 유용하게 쓰일 수 있다. 만약 당신이 제한된 횟수의 회기 내에서 작업하고 있으며 짧은 시간 내에 많은 작업을 해내야 한다는 압박감을 느끼고 있는 치료자일 경우, 당신이 지닌 시 간을 최대한으로 활용하기 위한 방편으로, 혹은 치료의 현 단계가 끝난 이후에도 내담자와 당신이 시작했던 작업을 이어나가기 위한 방편으로써 내담자에게 이 책 을 소개해 줄 수 있다. 치료자들이 단기 치료의 한계 내에서 작업하고 있는 경우 에 안정화와 교육의 중요성은 더욱 부각된다. 다만 한 번에 너무 많은 정보를 제 공하는 것은, 내담자에게 동기를 부여해 주기보다는 오히려 의욕을 꺾어버릴 수 있다는 점을 명심해두라. 여기서의 목표는 생존자들에게 자신의 증상과 촉발된 반응을 조절하고, 트라우마 이후의 삶을 지원하며, 끔찍한 모든 세부사항들을 기 억할 필요 없이도 자신의 경험을 타당화해줄 수 있는 심리교육을 제공해주는 것 이다.

탐구에 내담자가 함께 참여하도록 하기

워크북이 치료적 관계와 연결되면 더 큰 힘을 지니게 될 것이다. 이 책을 치 료 과정에서 읽어야 하는 자료로 배정해 거리감을 느끼게 하기보다는, 치료를 위 해 공유하는 자원이나 안내서로서 함께 사용해보도록 하라.

치료자로서, 당신이 트라우마 활성화에 의해 억제되지 않는 전전두엽 피질을 가지고 있을 가능성이 높다는 것을 염두에 두라. 당신이 새로운 정보를 받아들이 고, 일반화하며 적용하는 능력은 내담자가 지니고 있는 것보다 클 것이다. 내담자

---

17) Somatic Experiencing.

가 이러한 것들에 대해 생각해 볼 수 있도록 돕는 것을 두려워하지 말라. 당신이 그들을 대신해 생각하는 것이 아니다. 그들 자신의 뇌 활동을 자극하는 것이다. 플립차트와 워크북을 공유하는 경험으로서 활용해 보라. 당신의 개인적 견해를 내놓는 것을 주저하지 말라. "이 페이지에서 다음과 같은 것들을 알 수 있네요. 당신은 실제로 나쁜 판단력을 지니고 있는 게 아닙니다. 촉발요인이 당신의 생각하는 뇌를 멈추게 하고, 느낌과 충동이 자리를 차지하게 되는 거예요. 이 내용이 이해가 되나요?" 또는 내담자에게 그의 견해는 어떤지에 대해 물어볼 수 있다. "이 페이지에 공감이 되나요? 당신의 삶에 있었던 이런 경험들이 떠오르는 게 있나요? 이 내용이 당신에게는 어떻게 해당되나요?" 또는 다음과 같은 방법도 있다. "이 내용이 당신의 경험과 얼마나 맞아떨어지는지에 대해 생각하고 있었어요. 당신도 그렇게 느끼나요?"

가능한 수준 내에서 최대한으로, 이러한 내용을 치료 회기 전체에 걸쳐 참고하도록 하라. "이것에 대해 얘기하는 동안, 당신의 신경계는 어떤 것 같나요?" 또는 "이게 당신의 전두엽을 너무 촉발시키고 있나요? 그 부분이 약간 압도되고 있나요?" 혹은 "당신의 편도체가 매우 시끄러운 사람들 ― 특히 남성들 주위에서 심하게 놀라는 것 같네요. 그리고 나면 당신의 생각하는 뇌가 멈추어버리던가요?" 트라우마 생존자들이 겪는 어려움 중 하나는, 외상화된 뇌가 과거 및 현재, 현재의 안전과 그때의 위험, 평범한 느낌과 촉발된 트라우마―관련 감정을 전체로써 통합시키는 데 실패하는 것이다. 워크북의 내용이 심리교육에서 나누는 대화의 일부로 포함되면 될수록, 내담자가 배운 것들을 보다 쉽게 통합할 수 있게 된다.

플립차트나 워크북에 대한 부정적 반응 조절하기

언제나, 내담자들은 플립차트나 워크북, 또는 둘 모두에 의해 촉발된다. 어떤 경우에는 제목에서 트라우마라는 단어를 보자마자 촉발되었다고 느끼기도 한다. 심리교육을 "멍청하다"라고 창피를 당하거나 "충분히 교육받지 못했다"라는 수치심을 줬었던 부정적 학교 경험과 연관시킬 수도 있다. 심리교육을 "강의를 받는 것"이나 "학교에 있는 것"처럼 느끼는 사람들도 있다. 치료 내에서 안도감과 무조건적 수용을 받길 바라는 내담자들은 이를 돌봄이 아니라 학구적인 것으로 느끼며 불쾌해할 수도 있다. 어떤 내담자들의 경우 지나치게 촉발되거나 조절하기 힘들어지기 때문에 이러한 차트, 책, 또는 둘 모두를 사용하지 않겠다고 거부하거나 - 사용할 수 없을 수 있다는 것을 염두에 두라. 반면에, 어떤 내담자들은 이 두 도구를 꼭 필요한 것이라고 생각할 수 있다: 플립차트의 시각적 이미지는 내담자가 멍해져 있거나 압도되어 있을 때에도 주의를 기울일 수 있도록 도우며, 여기에 실린 정보들을 통해 자신이 정당하다는 느낌과 보다 잘 이해받는다는 느낌을 경험하게 된다. 트라우마 생존자들은 플립차트에 대한 감사를 전하려, 또 그것이 그들에게 얼마나 의미가 있는 것인지에 대해 말해주기 위해 내게 끊임없이 메일을 보내준다. 하지만 그럼에도 어떤 내담자가 이 도구들을 보지 않을 수 있도록 치워달라고 하는 경우가 생긴다면 너무 놀라지 말라!

이러한 도구들을 사용하는 것과 관련하여 내담자와 실랑이를 할 필요는 없다. 내담자의 부정적 반응을 타당화해주는 것이 가장 좋은데, 다만 다음과 같은 말로 이에 대한 호기심을 가져보도록 도와라. "와, 이것 때문에 상당히 촉발되네요, 그렇죠? 제가 플립차트(또는 워크시트)를 보여주었을 때 무엇이 촉발되던가요?" 또는 "이것이 왜 그렇게 촉발되는지에 대해 말해줘서 고마워요. - 저도 이제 알겠어요." 또는 "이것이 학교와 난독증으로 괴로워했지만 아무도 몰라주었던 때를 떠올리게 했다니 안타깝습니다! 이 책은 너무 촉발되지 않는다면 - 많은 사람들에게 도움이 되는 것이기 때문에 아쉽네요."

어떤 내담자들에게는, Judy Herman이 트라우마 생존자들이 충실한 협력자가 되게끔 교육하는 것의 중요성을 어떻게 밝혀냈는지에 대해 말해주고, 그녀의 발상에 대해 어떻게 생각하는지에 대해 물어보기도 한다. 또 다른 내담자들에게는, 같은 심리교육을 플립차트나 워크북 없이 진행할 수도 있다. "당신의 신경계가 몹시 반응한 거군요, 그렇죠?" 또는 "당신의 생각하는 뇌가 방금 멈추어버린 것 같군요 – 아마도 전구가 나가버린 것처럼 생각할 정신조차 없었을 거예요. – 그리고 그게 트라우마 생존자들에게 일어나는 일입니다." 치료자로서, 플립차트와 워크북을 숙지해두고 내담자에게 말로 설명해 줄 수도 있다. "물론 당신이 어린 시절에 있었던 많은 사건들을 모두 기억하는 건 아니더라도, 사실은 많은 것들을 기억하고 있어요. 어둠에 대한 두려움은 기억일 가능성이 높고, 수치심은 기억임이 틀림없어요. – 그리고 무망감, 열등감과 실패감도요. 당신의 뇌가 그 많은 사건들을 기억하는 건 아닐지라도, 당신은 수많은 느낌과 몸의 기억들을 가지고 있어요."

마지막으로, 내담자가 특정한 개입에 참여할 준비가 되어있지 않은 경우라면, 치료자는 현명한 부모들이 배우게 되는 다음과 같은 것들을 시도해 볼 수 있다. 더 좋은 기회가 오기를 기다리거나, 같은 개념을 소개하는 다른 방법에 대해 강구해보라. 플립차트나 워크북을 치워놓았다가 몇 주나 몇 개월 후에 가져와보거나, 이에 대해 주기적으로 언급해 볼 수도 있다: " 워크북이 지나치게 촉발시켰던 것이 아쉽네요…" 또는 "플립차트가 당신에게 학교와 못된 선생님들에 대해 떠올리게 한 게 유감이에요…" 또는 "그게 그렇게 촉발되는 것인 줄 몰랐으면, 아마 지금 플립차트를 가져오려고 했을 거예요… 제가 트라우마와 뇌에 대해서 설명하는 것 정도는 괜찮을까요?" 내담자가 이를 거부한다면, 그 결정을 받아들여야 한다. 다음과 같이 있는 그대로를 말해줄 수도 있다. "당신 안에서 일어나고 있는 일에 대해 저만 알고 있는 게 아니라, 당신도 알 수 있었으면 해요. 하지만 치료에 대한 결정권은 당신에게 있기 때문에, 어느 쪽이든 저는 그걸 존중할게요."

촉발요인을 기술을 연습할 기회로 삼아라

어떤 내담자들은 플립차트나 워크북을 사용해보려고 했으나 특정한 단어, 내용, 도표, 워크시트에 의해 촉발되는 자신을 발견하게 될 수 있다. 또는, 만성적으로 촉발된 채로 회기에 침여하거나, 일과 중 특정한 경험에 의해 촉발된 채로 방문하게 될 수도 있다. 어느 쪽이든, 당신은 이를 기회로 책을 활용하여 내담자로 하여금 촉발된 경험으로부터 배우고 자신을 조절하게끔 도울 수 있게 된다. 그리고, 워크북이 교과서는 아니다. 이것을 완수하는 것보다, 촉발되거나 흘러넘치고 있을 때 자신을 도울 수 있는 개념과 기술을 사용하는 방법을 연습하는 것이 더 중요하다. 가령, 회기 내에서 내담자가 명백하게 촉발된 경우에는(예로, 매우 불안해하고, 크게 반응하며, 분노하고, 방어적이거나 멍해지고, 무감각하고, 멈추어버리는 등), 워크시트 6이 매우 유용하게 쓰일 수 있는데, 이것이 촉발된 상태를 식별하는 능력에 초점을 두고 있기 때문이다. 워크시트 5는 내담자가 상습적으로 촉발되는 경우에 매우 적절히 쓰일 수 있다. 치료자로서, 나는 다음과 같이 짚어볼 수 있다. "당신(혹은 당신의 몸)이 오늘 아주 촉발되었네요, 그렇죠? 하루 종일 촉발된 상태였나요? 촉발된 상태로 아침에 일어났나요? 아니면 아침에 있었던 무언가가 당신을 촉발시켰나요?" 그리고 다음과 같이 제안할 것이다. "우리 함께 촉발요인 일지를 작성해봅시다. ─ 이것은 당신이 수많은 촉발요인들을 예상할 수 있게끔 도와주어서, 촉발요인이 당신을 깜짝 놀라게 하지 못하게 해줄 거예요." 회기 중 워크시트 작성을 시작하게 하고, 내담자에게 이것을 집에 가져가 마저 작업해보게 할 수 있다.

촉발된 반응을 인식하는 능력을 비롯하여 현재 실제로 당면한 위험을 위협에 대해 촉발된 감각과 변별하는 능력은 트라우마 회복에서 매우 중요하기 때문에, 치료 내에서 이러한 문제들에 시간을 쓰는 것은 늘 의미가 있다. 내담자가 주로 어려움을 겪고 있는 문제가 촉발요인에 대한 민감성과 촉발된 반응을 조절하는 것의 어려움에 대한 것이라면, 다른 내용과 주제들을 향해 서둘러 진행할 필요가 없다. 트라우마 회복에서는, 특정 주제들이(그리고 플립차트나 워크북의 특정 부분이) 몇 달간 중점적으로 다뤄질 수 있으며, 그 후에 다른 주제 및 내용들이 필요해질 수 있다. ─ 그리고 이것이 꼭 목차에 실린 순서대로 이뤄지는 것은 아니다. 어떤 상황에서든, 내담자의 필요와 어려움이 있는 곳으로 가서, 상황에 맞게 책을 사용하라.

　내담자에게 조율하고, 내담자가 현존하면서 고통스러운 감정을 견딜 수 있게 끔 돕는 심리치료적 기술은 모든 치료의 핵심이다. 이 워크북이 성공적으로 활용되고 내담자의 삶에서 의미를 갖게 될지의 여부는 이를 조율되고, 유연하고, 반응적인 방식으로 사용하는 것에 달려있다. 치료자이자 작가인 나에게는, 내담자가 책에 갖는 연결감과, 외상적인 과거로부터 극복하고자 하는 전투에서 이 책을 지지자 또는 협력자로 느끼는 감각이야말로 책의 완성보다도 더없이 중요한 것이다. 나는 당신이 그러하듯이, 생존자들이 그들을 격려하고, 그들이 해낼 수 있다는 - 치유할 수 있다는 확신을 지닌 나의 존재를 느끼기를 바란다. 우리는 그들 편에 서 있다.

트라우마의 살아있는 유산

한때는 드문 일로 여겨졌지만, 이제 우리는 매년 수백만 명의 사람들에게 외상적 경험이 일어난다는 사실을 알고 있다. 트라우마가 외상적 환경에 장기간 노출된 것이든(예로, 아동 학대, 가정 폭력, 전쟁) 재앙적인 단일 사건에 의한 것이든(예로, 테러 또는 교통사고) 간에, 모든 인간은 트라우마에 취약할 수 있고, 사랑하는 사람이 경험한 트라우마에 의해 영향을 받기도 한다. 그러나, 대부분의 사람들이 알지 못하는 것은, 트라우마 사건은 끝나도 끝난 게 아니라는 점이다 - 성공적으로 살아남았을 때조차도 말이다.

트라우마의 살아있는 유산을 인식하기

트라우마의 영향은 종종 몇 주, 몇 달, 몇 년, 심지어는 수십 년 동안 지속된다. 그것은 살아있는 유산이다.

할머니의 꽃병, 아버지의 시계, 어머니의 반지와 같은 과거의 유물에 대해 우리가 갖는 느낌과는 다르게, 살아있는 유산은 귀중한 골동품처럼 여겨지지 않는다. 트라우마의 살아있는 유산은 일상적인 것들에 대한 강력한 육체적, 지각적, 감정적 반응으로 드러나며 - 과거의 지나간 경험으로 인식되는 경우는 드물다. "암묵적 기억"이라고 불리는 이러한 감정적이고 신체적인 반응은 종종 하루에도 몇 번씩, 우리의 몸과 감정 안에서 반복해서 트라우마가 살아 움직이게끔한다. 원래 있었던 상황 또는 일련의 상황들과 관련되어 있고 이를 상기시키기는 하나, 동시에 분명히 해롭지 않은 것들에 의해 일상생활 중에 다시 활성화되면, 우리의 몸은 긴장하고, 심장이 두근거리고, 무서운 이미지들이 보이고, 두려움과 고통, 또는 분노를 느끼게 된다. 우리는 안전한 자기 집안에서도 고질라를 마주한 것처럼 놀라거나, 고통스러운 수치심이 갑자기 밀려와 말을 할 수 없게 되기도 한다. 우리를 아끼는 사람들에게 둘러싸여 있어도 외로움과 고통감이 느껴지며, 그들로부터 도망치고 숨어버리고 싶은 절박한 충동을 경험하기도 한다. 과거의 외상적 사건들이 가족, 집, 이웃, 그리고 가까운 애착 관계의 맥락에서 일어났다면, 이와 같은 무대들은 잠에서 깨어 일어나는 것, 아침을 먹는 것, 샤워를 하는 것, 이를 닦는 것, 직장이나 학교에 가는 것과 같이 아주 단순한 일상에 의해서도 촉발될 수 있는 잠재적 촉발요인들의 지뢰밭이 되어버릴 수 있다.

설상가상으로, 이러한 비언어적 기억들에 우리가 접촉해 볼 만한 사건이나 이미지가 전혀 없는 상태일 수도 있다. 트라우마의 영향에 대한 수십 년간의 연구는 압도적인 경험의 경우 명확하고 일관적인 이야기나 우리가 묘사할 수 있는 일련의 이미지들의 형태로 기억될 가능성이 낮다는 점을 확인시켜 주었다. 트라우마는 언어가 아닌 감각적 요소 − 감정, 신체 감각, 호흡 또는 심박수의 변화, 긴장, 몸에 힘이 들어가는 것, 힘 빠짐, 또는 압도되는 느낌 − 등의 형태로 기억될 가능성이 더 높다(Ogden, Minton, & Pain, 2006). 촉발요인이나 "지뢰"에 의해 암묵적 기억이 촉발되면, 우리는 위협이 있었던 순간에 경험했던 위협감, 위험하다는 느낌, 창피함, 도망치고 싶은 충동 등을 재경험하게 된다. − 이는 있었던 일에 대한 의식적인 언어적 기억이 없을 때에도 마찬가지이다.

한편, 이러한 반응들이 연관되어 있을 수 있는 특정 사건에 대해 떠올리는 것은 안도감을 얻는 데 별 도움이 되지 않는 것으로 보인다. 그리고 과거에 있었던 한 가지의 특정 사건에 연결짓는 것은 종종 고통스러운 신체적 · 정서적 반응과 압도되는 감각을 강화시킨다. 그것들이 지닌 의미를 이해하지 못한 채로, 대부분의 사람들은 자기 자신이 어딘가 잘못되었다고 여기거나, "그가 나를 놀라게 했어." 또는 "그녀가 나를 수치스럽게 했어." 그리고 여기에 이어지는 "여긴 안전한 장소가 아니야."로 결론 내리며 자신이 있는 지금－여기의 환경이 잘못되었다고 생각한다. 혹은 그러한 강렬하고 당혹스러운 반응들을 "내가 뭔가 잘못되어 있어." 또는 "내가 정신이 나간 것 같아."라는 의미로 해석한다.

트라우마는 생존자들의 일상생활과 수면을 방해하는 끔찍한 기억만 남기고 가는 것이 아니다. 트라우마의 살아있는 유산은, [그림 1－1]에 설명되어 있는 것처럼, 대부분 트라우마와 관련되어 있다고 인식하기 어려운 양상의 전반적인 증상 및 문제들로 이루어져 있다.

그림 1-1 트라우마의 살아있는 유산

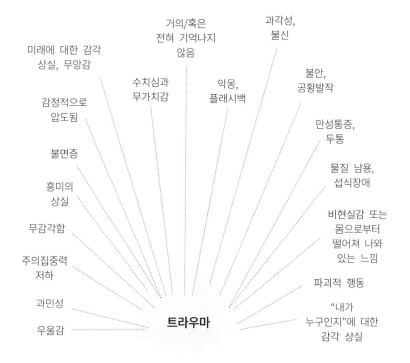

이 도표는 당신과 당신의 치료자에게 트라우마 사건 자체는 그저 있었던 하나의 사건일 뿐이라는 것을 상기시키기 위한 것이다. 한 번의 압도적인 사건을 경험하거나 이러한 사건이 삶에서 여러 번 일어났을 때에는 연속되는 다양한 증상과 문제들이 남게 되며, 이는 트라우마를 경험한 사람들이 흔히 겪는 일이다. 당신이 트라우마 경험으로 인한 다양한 영향을 받고 있다면, 이 중 어떤 것이 당신에게 해당되는지를 살펴보라. 이들 각각은 당신의 마음과 몸이 위협과 위험에, 덫에 걸린 것에, 너무 미숙하거나 힘없는 상태에 적응하기 위해 취한 방식을 나타내며 — 또는 당신의 마음과 몸이 그 모든 느낌과 신체 감각을 조절하는데 적응하기 위해 취한 방법을 보여준다.

이 시점에서, 이 장의 마지막 부분에 있는 워크시트 1: 트라우마의 살아있는 유산을 사용하여 당신 자신이 지니고 있는 트라우마의 살아있는 유산을 살펴볼 수 있다. 호기심을 가져보라. 만약 당신이 이러한 증상들이 트라우마로 인한 것이었음을 모르고 있었다면, 무엇이 이런 증상들을 일으켰다고 생각하는가?

대부분의 트라우마 생존자들은 자신의 증상과 관련하여 자기 자신이나 주변 환경을 탓하는 경향이 있다. 이들은 "그것"이 끝났다는 안도감이나 "내가 해냈다 — 난 여전히 살아있다"라는 어떤 느낌도 경험하지 못한다. 이들의 몸과 감정은 여전히 그 위험이 아직 끝나지 않은 것처럼 주변의 사람들과 상황에 반응한다. "마지막으로 겪었던 트라우마 사건이 있은지 얼마나 지났나요?"라고 물으면, 대부분의 트라우마 생존자들은 시간이 얼마나 흘렀는지에 대해 놀라게 되는데, 그들은 "어디에" 있든지, 늘 "거기에" 있었기 때문이다.

트라우마로부터 살아남기

왜 우리는 트라우마를 지나간 과거의 일로 경험하지 않을까? 그 답은 우리의 뇌와 몸에 있다.

인간은 세심한 의사결정이나 신중한 계획을 통해 끔찍한 경험으로부터 살아남는 것이 아니다. 위협에 직면하게 되면, 우리는 무언가를 생각하거나 계획하기에는 지나치게 미숙하고 압도된 상태가 된다. 그저 우리의 몸이 생존 본능을 지니고 있으며, 다른 무엇보다도 생존을 우선시하는 뇌를 갖고 있기 때문에 우리가 "살아남는" 것이다. 우리의 뇌가 잠재적인 생명의 위협을 감지하는 순간, 자동적으로 우리의 생존 반응에 시동이 걸린다.

뇌의 특정 영역은 우리가 위험으로부터 살아남도록 돕는 데 특화되어 있다(van der Kolk, 2014). 변연계 내 일련의 관련 구조들은 트라우마 사건과 관련된 비언어적 기억뿐만 아니라 감정적, 감각적, 관계적 경험에 대한 수용력을 맡고 있다. 변연계에는 시상(감각 정보를 중계하는 중계핵), 해마(기억을 처리하는 데 특화된 영역), 그리고 편도체(뇌의 화재경보기이자 연기탐지기)가 포함되어 있다. 우리의 감각이 임박한 위험 신호를 감지하면, 그 정보는 자동적으로 시상으로 전송되고, 거의 10억 분의 1초 만에, 이것이 진실 또는 거짓 경보인지를 판단하기 위해 편도체의 위협 수용체와 전전두엽 피질에 의해 평가된다(LeDoux, 2002).

우리가 생각하고 지각하는 뇌인 전전두엽 피질은, 이론적으로는 "거부권"을 행사할 수 있도록 설계되어 있다. 자극이 해롭지 않은 것으로 인식되면, 편도체는 반응하지 않아야 한다. 하지만 위협적일 수 있는 무언가가 있다면, 편도체는 뇌가 교감 신경계를 작동시키게끔 자극하고, 이것이 아드레날린 스트레스 반응을 일으켜 몸이 싸우거나 도망칠 수 있도록 준비시킨다. 아드레날린은 심박수와 호흡을 증가시켜서 근육으로 가는 산소의 흐름을 최대화하고, 필수적이지 않은 나머지 체계들을 꺼버리는데, 전전두엽 피질도 여기에 포함되어 있다. 이제 우리는 잠시 멈추어 생각하려고 하면 반응하는 데 쓸 수 있는 귀중한 몇 초의 시간을 잃게 되는 생존 모드에 들어가 있다. 하지만 본능적 방어라는 형태의 자동적 전

투의 대가는 매우 비싸다. 우리는 의식적인 의사결정 능력을 잃게 되고, 경험 전반을 목격하고 증언해낼 수 있는 능력을 잃어버린다. 달리 빠져나갈 방도가 없다면, 우리는 자동적으로 간절하게 도움을 요청하거나, 두려움에 얼어붙거나, 도망치거나, 싸우거나, 복종해버리는 등의 행동과 반응을 보이게 된다.

트라우마 사건 이후, 변연계의 또 다른 작은 구조인 해마는, 비언어적 경험을 시간 순서대로 배열하고 거리를 두고 볼 수 있게 하여 우리가 말로 표현할 수 있는 기억으로 만드는 역할을 맡는다. 그러나, 해마는 위협이 발생했을 때 억제된다고 말했던 필수적이지 않은 마음과 몸의 부분들 중 하나이다. 그렇기에, 가장 나쁜 경험을 겪게 되는 경우에는, 해마가 본래 지니고 있던 기억 처리 업무를 완수할 수 없게 되면서 무슨 일이 일어났던 것인지에 대해 해석하는 우리의 능력이 방해받게 된다. 트라우마로부터 살아남고 나면, 우리는 무슨 일이 있었으며 우리가 그것을 어떻게 견뎌냈는지를 정확하게 반영하지 못하는 불충분하거나 조각난 기억력을 갖게 된다.

어떤 생존자들은 일어난 일에 대한 명확한 연대기적 기억을 가지고 있지만, 그럴 때조차도, 여전히 살아남았다는 감각이 부족한 경우가 많다. 더 심각한 문제는, 만약 아동 학대나 방임, 혹은 가정 폭력과 같이 만성적으로 외상적인 환경에 있었다면, 개인의 생존 반응 체계는 위협을 예상하기 위해 만성적으로 민감해지게 되고, 결국 주변 환경을 언제나 위험하고 위협적인 것처럼 느끼는 신체적 반응성을 지니게 된다는 것이다.

일어난 일에 대한 명확하고 일관적인 언어적 기억 없이, 트라우마를 경험한 사람들이 도출할 수 있는 결론은 오직 두 가지뿐이다. "나는 위험에 처해 있다." 또는 "나에게 결함이 있다. ― 나의 무언가가 심각하게 잘못되어 있다." 이러한 결론들은 며칠, 몇 주, 심지어는 몇 년 동안 트라우마의 살아있는 유산을 짊어지고 다니는 생존 이후의 고통을 악화시킨다.

만약 당신이 일어난 일에 대한 비난이나 수치심을 짊어지고 있거나, 여전히 위협받는 상태에서 살아가고 있다면, 이 장의 끝부분에 있는 워크시트 2: 당신의 증상이 어떻게 당신을 살아남도록 도와주었나?를 작성해보는 것이 도움이 될 것이다. 이러한 증상들이 어떻게 당신이 살아남는 데 도움을 주었는지에 대해 이해하기 시작하는 것은 증상과 당신의 관계를 바꾸기 위한 첫 번째 단계가 된다.

촉발요인과 촉발

원시시대에 살던 선조들을 생각해보자. 그들은 질병에 취약하고, 기후가 혹독하고, 부족을 위해 식량을 구해야 하는 어려움이 있고, 동물이나 약탈자들로부터 공격당할 가능성이 있는 매우 위험한 세상에 살았다. 그들은 위험을 감지하고 자신들을 보호하는 방식으로 반응하는 능력과 더불어, 자기 자신이나 사랑하는 사람에게 무슨 일이 일어나더라도 계속 살아나가는 능력을 통해 그 혹독한 환경에서 생존할 수 있게 되었다. 위험의 가능성에 대해 고려해보는 데에는 귀중한 몇 초 또는 몇 분이 소요된다. "식량을 찾으러 나가기에 안전하려나?" 또는 "저 바스락거리는 소리는 뭘까?" 위협의 정도를 기억하거나 분석하는 것보다는 위험을 감지하는 것에서 얻는 이득이 가장 큰 것이다.

수 세기가 지난 후까지도, 인간은 높은 스트레스를 지니고 생존 반응을 강화한 채로 살아가고 있다. 위험을 경험한 이후로는, 뇌와 몸이 잠재적인 위협을 나타내는 단서에 예민해진다. 아주 간접적으로라도 특정 트라우마 사건과 연결되어있는 단서나 자극은 촉발요인이라고 불리며, 강력한 신체적·감정적 반응을 일으킬 수 있는 가능성을 지니고 있는데, 이것을 촉발된다고 말한다. 그 예시는 다음과 같다.

Brianna는 치료자에게 지난 2주 동안 "날씨가 너무 추워서" 우울증이 더욱 심했었다고 보고했다. 치료자는 궁금해하며 다음과 같이 물었다. "당신이 어린아이였을 때 추운 날씨는 무엇을 의미했나요?" 그녀는 회상하면서 이렇게 말했다. "제가 자라던 곳에서는, 추운 날씨는 눈과 얼음을 의미했어요. ― 우리가 엄마와 함께 집에 갇혀있다는 뜻이 되죠. 밖에 나갈 수가 없었어요 ― 그녀로부터 벗어날 방법이 없었죠. 오! 이게 제가 겨울이면 그렇게나 우울해하는 이유인 건가요?" Brianna의 어머니는 가학적인 알코올 중독자였고, 그녀와 함께 집에 갇혀있는 건 아이들 중 누구에게도 안전하지 않았다. 세월이 지나도, 매년 겨울이 찾아올 때마다 Brianna의 어린 시절에 얽혀있는 느낌의 기억인 무망감과 우울감이 촉발되었다.

또 다른 예시도 있다.

Anita는 자신의 삶에서 만난 사람들에게 자신이 중요한 사람이라는 신호를 얻기를 갈망했고, 다른 사람들이 자신에게 다가와 주지 않으면 쉽게 상처를 받았는데 ― 그러면서도 그들이 실제로 다가오면 그녀는 "겁"을 먹어버렸다. 그녀를 초대하지 않거나 그녀의 생일을 기억하지 못할 때 촉발되었는데, 초대를 하거나 선물을 주는 것도 그녀를 촉발시켰다. 그녀는 가족들이 멀리 떨어져 있을 때, 상처를 받았고, 자신이 중요하지도 않고 거기에 없는 사람인 것처럼 느꼈으며, 그들이 다가오려고 했을 때에는 분노와 불신을 느꼈다. 그녀는 "이번에는 나한테서 뭘 원하는 건데?"라며 궁금해했다. 그녀의 삶에 있어서 관계라는 것은 학대적인 가족들로부터 충분한 관심을 받지 못하거나 조종당한 감정적 기억과, 성인이 된 이후에 선택한 가족들이 주는 애정을 받아들이지 못하게끔 하는 느낌의 기억들로 넘쳐났다.

일어났던 일은 정확하게 기억하지 못하면서, 비언어적인 감정적·신체적 기억이 지속적으로 재활성화되는 고통을 겪는 생존자들은 상황을 더욱 복잡하게 만드는 방식으로 행동하고 반응하는 자신을 발견하게 될 것이다 ― 우리가 [그림 1−1]에서 보았던 것처럼 말이다. 뇌에 대해 이해하게 되면, 자신의 행동과 반응에 대해 더 잘 이해할 수 있게 된다. 이제 다음 장으로 넘어가서, 우리의 뇌가 어떻게 기능하는지에 대해 조금 더 배워보자.

WORKSHEET 1 트라우마의 살아있는 유산

여기에 있는 증상 및 문제들 중 당신이 과거에 겪어보았거나 현재 겪고 있는 것에 동그라미 표시를 해보세요. 그리고 나서 당신이 트라우마로 인한 것이라고는 생각해보지 못했던 것들에 체크 표시나 별표를 해보세요.

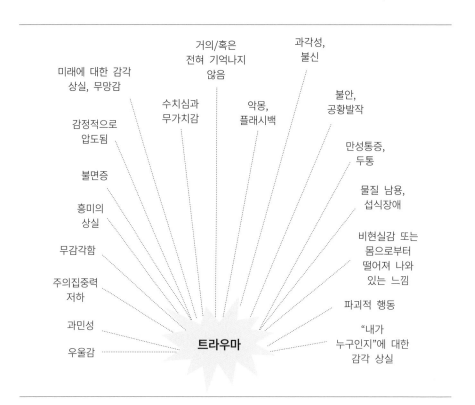

이러한 문제나 증상들 모두가 트라우마의 살아있는 유산의 일부라는 것을 알게 되었을 때, 자기 자신에 대한 당신의 느낌은 어떻게 변하나요?

_____

_____

_____

_____

WORKSHEET 2   당신의 증상이 어떻게 당신을 살아남도록 도와주었나?

당신이 가장 문제를 겪고 있거나 힘들어하는 트라우마 증상을 4개 골라보고, 자기 자신에게 다음과 같은 질문들을 건네보세요. "수치심이 어떻게 내가 살아남도록 도와주었나?" "우울감이 어떻게 내가 견뎌내게끔 도와주었나?" "흥미의 상실이 어떻게 나를 도와주었나?" "불면이 어떻게 도움이 되었나?" "약물 남용이 어떻게 내가 살아남도록 도와주었나?" "죽고 싶어 하는 것이 어떻게 도움이 되었나?"

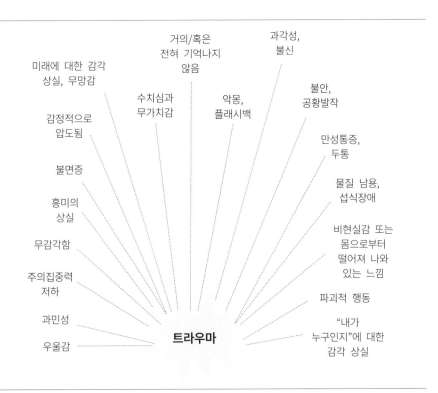

당신이 알아낸 것들을 아래에 무엇이든 적어보세요.
답변에 확신이 서지 않는다면, 자기 자신에게 다음과 같이 물어보세요. "만약 내가 우울하지 [또는 과민하지, 수치스러워하지, 죽고 싶어 하지] 않았다면 어땠을까?

1. _____

2. _____

3. _____

4. _____

트라우마를 경험한 뇌를 이해하기

뇌는 몸에서 가장 복잡한 기관이며, 우리의 생각뿐만 아니라 느끼고 행동하는 모든 것들에 영향을 미친다. 우리의 뇌는 여러 다른 구조들로 나누어져 있고, 각기 다른 목적을 지니고 있으며, 대부분의 일들을 수행해내기 위해서는 여러 부위의 즉각적인 협응력을 필요로 한다. 예를 들어, 자동차 키를 분실했다면, 우리는 그것을 마지막으로 보았던 장소를 떠올려보려고 하고, 그 이후에 우리가 무얼 했는지를 한 장면 한 장면씩 재현해보려고 할 것이다. 이러한 과정은 두 개의 서로 다른 뇌 영역의 협응을 필요로 한다. 하나는 시각적 기억을 저장하는 부분이고, 하나는 "작업 기억(과거의 정보를 가져와서, 현재의 정보와 견주어보고, 계획하고, 문제를 해결하는 능력)"을 맡고 있는 부분이다. 매일같이, 우리는 모든 평상시의 일상을 살아가기 위해 뇌에 의존하고 있지만 ─ 그것이 어떻게 이루어지는지에 대해서는 제대로 이해하지 못하고 있다.

삼위일체 뇌 모델과 발달하는 뇌

신경과학자 Paul MacLean(1967)이 만들어낸 삼위일체 뇌 모델은 트라우마 치료에서 자주 활용되었으나, 현재 과학자들은 이를 시대에 뒤떨어진 것으로 보고 있다. 하지만 이것이 트라우마 생존자와 치료자에게는 도움이 되는데, 뇌를 세 가지 영역으로 단순하게 나누어, 기억하고 활용하기 쉽게 만들어주기 때문이다.

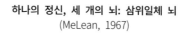

그림 2-1 뇌를 이해하기

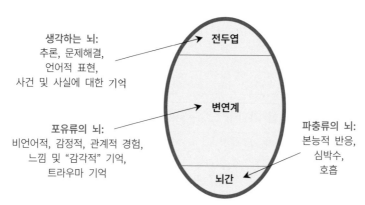

[그림 2-1]에서 볼 수 있듯이, MacLean은 뇌를 세 영역으로 나누었다. 전 전두엽 또는 생각하는 뇌, 동물 또는 포유류의 뇌, 그리고 파충류의 뇌이다. 파충류의 뇌는 심박수와 호흡, 반사 및 본능적 반응 등의 기본적 기능을 제어하기 때문에 생존에 필수적이다. 도마뱀을 떠올려보면 파충류의 뇌가 어떻게 기능하는지에 대해 쉽게 알 수 있다. 도마뱀은 생각하기 위해 멈추지 않는다 ― 그저 빠르게, 자동적으로, 본능적으로 반응한다. 갓난아기는 상당히 잘 발달된 파충류의 뇌를 갖고 태어나며, 포유류의 뇌이자 생각하는 뇌는 고작해야 시작하는 단계에 있을 뿐이다. 이들이 삶에서 처음으로 도전하는 것은 호흡, 심박수, 소화, 그리고 신경계 조절이다. 부모는 "우리 아기는 자고, 울고, 먹고, 싸기만 하네"라고 말할 수 있다. 그것이 파충류의 뇌가 생명을 보장하는 제 일을 하고 있음을 의미한다는 걸 모르는 채로 말이다.

그리고 생후 3개월쯤 되면, 대부분의 아기들은 사회성이 좀 더 늘어난다. 사랑하는 인물이 보이면 웃고, 흥분하여 몸을 꿈틀거리며 꽥하는 소리를 지르고, 약간의 표정을 짓고 작은 소리를 내기도 한다. 그 아기들의 미소는 종종 너무 전염성이 강해서, 지치고 잠을 제대로 못 잔 부모마저도 미소를 짓지 않을 수가 없다. 이 단계는 변연계 또는 포유류의 뇌가 빠르게 성장하고 있다는 것을 의미하며, 이것이 미래의 감정적, 사회적 발달의 토대를 마련해 준다. 어린아이들이 매우 감정적으로 반응하는 경향이 있다는 사실은 유아기에 변연계 또는 포유류의 뇌가 우세한 상태임을 보여준다. 생각하는 뇌 또는 전전두엽 피질이 천천히 발달해가면서, 합리적이고 체계적인 방식으로 행동적 반응을 보이는 능력은 어린 시절에 걸쳐 매우 느리게 성장한다.

11세나 12세 즈음에는 대부분의 아이들이 자신의 욕구를 전달하기 위해 감정 대신 이성을 활용할 수 있게 되지만, 그때에 이르러서도 전전두엽 피질이 다 발달되지 않은 상태이다. 추정된 바에 따르면, 전전두엽 피질은 청소년들이 대략 25세가 될 때까지 계속하여 성장하고 더욱 정교해진다 – 달리 말하면, 청소년기를 훨씬 넘길 때까지를 뜻한다. 고로 청소년들이 종종 20대 초반까지도 성숙하지 못한 것이 놀라운 일은 아니다! 뇌는 전전두엽 피질의 성장과 재구조화 절차가 끝날 때까지는 성숙함에 힘을 쏟지 않는다. 때로 당신이 청소년이었을 때 어떻게 행동했었는지에 대한 수치심이나 죄책감을 느낀다면, 그 행동들에 대한 책임을 당신의 뇌에게 돌려라. 12세에서 13세 무렵의 빠른 뇌의 성장은 성숙함을 방해한다. 아이들은 갑작스럽게 강렬한 느낌과 충동을 경험하게 되며, 불쑥하고 자라났지만 아직 조직적이고 현명한 뇌로는 성숙하지 못한, 비체계적인 전전두엽 피질을 갖게 된다. 청소년들은 뇌가 충분히 발달하지 못한 상태이기 때문에, 이성이 아닌 충동이나 감정에 따라 의사결정을 내린다.

이 내용을 당신의 경험에 적용해보기 위해, 이 장 끝에 있는 워크시트 3: 당신의 뇌에 대해 알아보기로 넘어가 보자. 이것은 당신 뇌의 각 부분이 어떻게 당신이 당신으로서 존재할 수 있게 하는지에 대해 이해하도록 도와줄 것이다. 호기심을 가져보라. 이 워크시트의 목표는 당신의 뇌가 어떻게 기능하는지에 대해 당신이 알아갈 수 있게 돕는 것이다.

우리는 어떻게 트라우마를 기억하는가

우리가 1장에서 논의한 바와 같이, 단일 트라우마 사건과 지속적인 트라우마 상태 모두 아이들의 발달 중인 뇌에 영향을 미친다(Perry et al., 1995). 위험은 파충류 및 포유류의 뇌를 과도하게 자극하고 전전두엽 피질을 멈춰버리기 때문에, 학습과 같은 특정한 정신적 처리는 트라우마를 겪는 개인에게 더욱 어려울 수 있다. 아동의 경우, 충동성과 반응성이 높아지면서 주의력결핍 과잉행동장애(ADHD) 또는 적대적 반항장애(ODD) 진단으로 이어지거나, 의욕이 없는 것처럼 보일 수도 있다. 학대적인 환경에서는, 충분히 발달되지 않은 상태의 뇌가 위협 및 과거의 위협을 떠오르게 하는 것들로부터 끊임없이 자극을 받게 되기 때문에 전전두엽 피질이 성숙해지는 데 힘을 실을 수 없다.

신경과학 연구는 트라우마와 관련된 감정 및 몸의 기억이 편도체에 저장된다는 것과, 촉발요인 또는 트라우마 사건에 대한 회상에 의해 쉽게 활성화된다는 것을 입증했다. 이 연구는 편도체가 촉발되고 반응할 때 언어기억 영역(우리가 이야기를 처음부터 끝까지 할 수 있게 해주는)이 멈추어버린다는 것도 보여주었다. 트라우마 사건 또는 트라우마로 점철된 삶 이후, 생존자들은 일어난 일에 대한 아주 단편적인 이야기만 지니고 있거나, 혹은 분명한 이야기를 전혀 갖고 있지 못할 수도 있다. 많은 생존자들은 자신이 갑자기 놀라거나, 두려워하거나, 긴장하거나, 철수되거나, 수치심 또는 자기혐오를 느끼거나, 떨기 시작할 때가 기억하고 있는 것이라는 사실을 깨닫지 못하고 "저는 아무것도 기억나지 않아요."라고 말한다. 트라우마가 언어적으로 표현될 수 있는 이야기의 형식으로 기억되기보다는 감정적, 그리고 신체적으로 기억되기 때문에 생존자들은 종종 혼란스러워하거나, 압도되거나, 미쳐버릴 것 같다고 느낀다. 단어나 이미지로 이루어진 기억이 없으면, 이들은 자신이 느끼는 것을 기억이라고 인식하지 못한다.

이들이 깨닫지 못하는 또 한 가지는, 인간은 사건 자체만 기억하는 게 아니

그림 2-2　외상화된 뇌: 우리가 트라우마를 어떻게 기억하는가

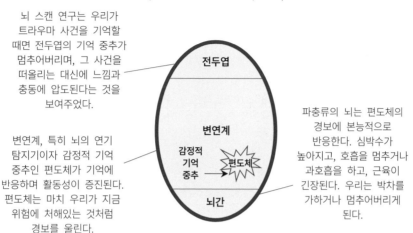

우리는 우리의 느낌과 몸으로 트라우마를 기억한다
(van der Kolk & Fisler, 1995)

뇌 스캔 연구는 우리가 트라우마 사건을 기억할 때면 전두엽의 기억 중추가 멈추어버리며, 그 사건을 떠올리는 대신에 느낌과 충동에 압도된다는 것을 보여주었다.

변연계, 특히 뇌의 연기 탐지기이자 감정적 기억 중추인 편도체가 기억에 반응하며 활동성이 증진된다. 편도체는 마치 우리가 지금 위험에 처해있는 것처럼 경보를 울린다.

파충류의 뇌는 편도체의 경보에 본능적으로 반응한다. 심박수가 높아지고, 호흡을 멈추거나 과호흡을 하고, 근육이 긴장된다. 우리는 박차를 가하거나 멈추어버리게 된다.

전두엽

변연계

감정적 기억 중추　편도체

뇌간

라는 점이다. 우리는 다양한 방식으로 기억한다. [그림 2-2]에 나와 있는 것처럼, 뇌의 각 영역은 각기 다른 방식과 양상으로 기억을 저장한다. 생각하는 뇌로는 일어난 일의 이야기를 기억할 것이나, 거기에 연결된 수많은 감정들은 배제될 것이다. 감각 체계를 통해서는, 자연스럽게 그 사건과 관련된 이미지를 보거나 소리를 듣게 될 수 있다. 우리의 감정은 무엇이 느껴졌는지를 기억할 것이다. 우리의 몸은 당시에 경험했던 충동과 움직임, 그리고 신체적 감각들(조이는, 부들대는, 내려앉는, 두근거리는, 몸서리치는)을 기억할 수 있다.

　뚜렷한 이유 없이 갑작스럽게 불안해지거나 화를 내는 경험에 익숙하면서도, 대부분 이러한 다양한 기억 방식에 대해 알고 있지 않다. 자신이 촉발되고 있을 때, 지금 겪고 있는 것이 기억이라는 것을 깨닫지 못한다. 이들은 사랑하는 사람에 대한 생각에 연결된 따뜻한 감정과, 위협적으로 느껴지는 누군가를 만났을 때의 주저하거나 긴장하는 느낌을 알고 있다. 많은 사람들은 기시감의 경험을 설명할 때 "전에 여기 와본 적이 있는 것처럼 느껴져." 또는 "이게 익숙해 보이는데, 이유를 모르겠네."와 같이 말한다. 이것들 역시 언어를 사용하지 않는 기억들이다.

이 시점에서, 당신이 어떻게 언어를 사용하지 않고 - 당신이 기억해 낼 수 있는 것보다 더 많은 것들을 - 기억하고 있는지에 대해 살펴보기 위해 워크시트 4: 당신의 뇌는 트라우마를 어떻게 기억하는가를 활용해 볼 수 있다. 말로 표현할 수 있는 기억에만 집중하지 않도록 하라. 그 대신에, 비언어적 기억일 수 있는 모든 생각과, 느낌, 또는 신체적 반응에 관심을 가져보라.

<u>도움이 될 만한 팁</u>: 만약 고통스럽거나, 혼란스럽거나, 압도적인 느낌이나 반응이 있다면, 이것이 곧 느낌의 기억이거나 몸의 기억일 가능성이 높다!

많은 트라우마 생존자들은 사건의 전체가 기억나지 않거나, 기억이 조각나 있거나, 불분명하거나, 사건의 전체적 영상이 아니라 몇 개의 이미지로만 구성되어 있을 때 불편해한다. 때로는 자신을 의심하며, "사실일 리가 없어. 무슨 일이 있었는지 정확하게는 기억이 안 나거든." 또는 "내가 꾸며낸 얘기인 게 틀림없어. 그렇지 않으면 더 정확하게 기억했겠지."라고 생각한다. 이들은 자신이 지난주에 했던 일에 대한 기억처럼 말로 표현할 수 있는 분명한 이야기가 있어야 한다고 생각한다.

트라우마는 그것이 뇌에 갖는 영향 때문에 다른 사건들이 기억되는 것과 같은 방식으로는 기억될 수 없다는 점을 아는 것이 중요하다. 일어난 일에 대한 자신의 기억이나 직관을 의심하고 싶은 충동이 느껴질 때면, 사건을 이야기나 서사로 기억하는 것만이 무언가를 기억하는 단 한 가지의 방법은 아님을 상기하라. 당신은 당신이 생각하는 것보다 훨씬 더 많이 기억하고 있을 수 있다!

촉발요인과 촉발을 알아보기 시작하다

고통스러운 느낌, 부정적 생각, 그리고 신체 감각을 기억에 포함시켜 놓고 보았을 때, 당신이 얼마나 많이 기억하고 있는지에 대해 스스로도 놀랐는가? 우리가 촉발될 때와, 느낌과 몸을 통해 기억을 떠올릴 때를 알아보기 시작한다면, 우리가 누구인지, 그리고 어디에 있는지를 알 수 있게 된다. 당신은 "겁쟁이"가 아니라 ― 그저 수없이 많은 두려운 기억들을 경험하고 있는 것일 수 있다. 당신은 "화난 사람"이 아니라, 부당함이나 거절에 의해 촉발되는 분노 느낌의 기억을 지니고 있는 것일 수 있다.

> 당신을 촉발시키는 것과, 당신 안에서 촉발되는 것 - 즉, 느낌이나 몸의 기억 - 사이의 관계를 살펴보기 위해, 당신이 촉발될 것 같을 때마다 워크시트 5: 촉발요인과 촉발을 알아보기를 이용하여 기록해보라. 이것은 사람들이 이후로도 예상치 못한 촉발요인들을 마주하게 되기 때문에 계속 보관해두고 작성해보는 워크시트이다. 기억하라, 당신은 촉발되기를 선택한 적이 없다. 단지 그게 당신에게서 일어난 것이다.

시간이 흐르면서, 당신은 패턴이 있다는 걸 알아보기 시작할 것이다. 당신은 당신을 종종 촉발시키는 특정한 유형을 알아차릴 것이다 ― 예를 들자면, 권위적인 인물, 사랑하는 사람으로부터의 분리, 갑작스러운 소음, 부당함이나 무례함, 어둠, 홀로 있는 것 등이 있다. 당신이 압도되거나, 절망하거나, 무감각하다고 느낄 때면, 무언가가 당신을 촉발시킨 것이라고 가정해보라. 우리가 느끼는 것에 의미가 있다고 가정한다면, 비록 우리가 그것을 이해하고 있지는 않더라도, 우리가 자신을 의심하고 "미쳐버릴" 것 같은 느낌을 무시해버릴 때보다는 촉발요인을 알아보게 될 가능성이 더 높아진다. 당신이 느끼고 있는 것을 촉발시켰을지도 모르는 아주 미묘한 단서들을 찾아보라. 예를 들면, 트라우마 생존자들에게는 실망이 매우 강력한 촉발요인이 될 수 있으며, "안돼!"라는 말을 듣거나, 이해받지 못하거나, 기다려야만 하거나, 무시당하거나, 눈에 띄거나, 믿어주지 않거나, 너무 심각하게 받아들여지는 경우도 마찬가지이다. 많은 촉발요인들은 역설적이다. 홀로 있는 것이 촉발요인이 될 수도 있지만, 다른 사람들과 함께 있는 것도 촉발요인이 될 수 있다. 변화의 경우 그것이 좋은 변화든 나쁜 변화든 종종 촉발요인이 되는데, 특히 예상치 못한 것일 경우 더욱 그렇다. 촉발요인이 드러나는 패턴을 알아보기 시작하면, 혹여 그것이 왜 촉발요인이 되는지는 이해하지는 못하더라도 — 당신은 당신의 이야기를 좀 더 이해할 수 있게 될 것이다.

촉발된 느낌을 삶에서의 특정 사건과 연결 지으려는 유혹을 피하라. 느낌의 기억은 하나의 사건에만 관련된 것이 아니라, 여러 경험에서의 기억일 수도 있다. 특정 사건을 기억하려 하는 것은 촉발 반응이 더 일어나게끔 할 가능성이 있으며, 이에 따라 그 강도도 심화된다. 그저 자신이 촉발되었다는 것을 인정하고, 이 촉발의 의미는 자신이 트라우마와 연관된 느낌 및 몸의 기억을 경험하고 있다는 것임을 아는 게 훨씬 도움이 된다.

당신은 이제 촉발요인과 촉발요인 알아보기 워크시트를 활용하여 촉발요인들을 예상할 수 있게 된다. 만약 권위적인 인물에 촉발되는 경우라면, 특정한 권위적 인물 유형을 만나기 전에 미리 대비를 할 수 있게 된다. 몇 시간이나 며칠 동안이라도 누군가를 떠나거나 떠나보내는 것에 촉발되는 경우라면, 작별을 예상해두고 그 순간에 자기 자신을 지지해주기 위한 방법들을 마련해 볼 수 있다. 이후의 내용에서는 당신을 진정시키고, 위로하고, 기운을 북돋우고, 지지하는 방법에 대한 몇 가지 아이디어들을 제공해 줄 것이다.

촉발요인과 촉발을 다루기

촉발에서 가장 어려운 부분은, 그것이 현재의 삶에 대한 우리의 인식에 어떻게 영향을 미치는지에 대한 것이다.

　　Annie는 남편, 그리고 다 자란 아들과 함께 사는 집으로 차를 몰고 갈 때마다, 수치심에 얼굴이 붉어지고 속이 약간 불편해지는 것을 느꼈다. 친구나 지인이 그녀의 집에서 만나자고 할 때면, 그녀는 성급하게 "안돼!"라고 말했다. 그녀는 누군가가 자신을 보러 집에 들른다는 생각만으로도 창피함을 느꼈다. 그녀는 자신이 아주 다른 집을 기억하고 있다는 사실을 전혀 알지 못했다. 그녀가 어린 시절 살던 집은 그 안에서 일어나는 혼란을 반영하듯, 허물어지고 잘 관리되지 않은 상태였다. 알코올 중독자인 그녀의 어머니는 존경받는 전문가였지만, 그 가족의 집은 그 옆을 지나가는 누구에게나 내부의 어두운 비밀을 보여주곤 했다. 안쪽의 사정은 더욱 좋지 못했다. 씻지 않은 접시들, 더러운 옷들, 그리고 어울리지도 않고, 몸에 맞지도 않는, 지역 교회가 기증한 옷을 입은 4명의 지저분한 아이들이 있었다. 누군가가 그녀의 집을 보는 것을 떠올리면 느껴지던 수치심과 두려움이, 30년이 지나서도 지금 자신이 살고 있는 집에 대한 현실적인 반응일 거라고 여기는 감정적 기억으로서 계속 존재하고 있었다. 그녀는 이 집이 얼마나 따뜻하고, 사람을 반겨주며, 매력적이고, 혹은 잘 관리되어 왔는지에 대해서는 보지 못했다. 기존에 있었던 느낌의 기억을 통해 보았기에, "난 실패했어 – 무엇도 변한 게 없어 – 난 여전히 다른 사람들보다 '못해'"와 같은 결론으로 향하게 되었다.

　　이것은 촉발이 일어나리라는 신호를 알아차리는 방법을 배우는 것이 트라우마 생존자들에게 왜 중요한지를 보여주는 강력한 예시이다. 트라우마가 있었음에도 불구하고 우리가 어디에 있으며 어떤 사람이 되었는지에 대해 알기 위해서는, 지금-여기의 감정적 반응과 느낌의 기억 및 몸의 기억 사이를 구별하는 방법을 배워야 한다. 우리 혹은 우리 주변에 있는 사람들이 안전하다는 것을 알기 위해서는, 이러한 것들을 구별할 수 있어야 한다. 그렇지 않으면, 우리를 촉발시키지 않는 사람이라면 무조건적으로 신뢰하고, 촉발시키는 사람이라면 모두를 불신하게 될 것이다. 그리고 수치심을 기억으로 이해하기보다는 우리 자신에 대한 진실이라고 믿게 되며, 두려움은 우리가 지금 안전하지 않다는 신호로 해석하게 될 것이다. Annie가 현재의 자기 집을 바라보고, 그곳이 안전한 장소임을 알고 느끼며, 이것이 자신의 트라우마에서 회복까지의 여정을 반영한다는 점에 대해 인정하는 데에는 30년 이상이 걸렸다.

촉발된 느낌과 지각을 구별하는 데에는, 워크시트 6: 당신이 촉발되었다는 걸 어떻게 알 수 있을까?가 도움이 될 것이다. 촉발되고 있다는 신호를 알아보게 되면, 현실을 인식하는 데 도움이 된다. 내가 지금 촉발되고 있는 건가, 아니면 정말 위험한 건가? 내가 지금 촉발되고 있는 건가, 아니면 내가 무가치한 사람이라는 수치심을 느끼고 있는 걸까? 이것이 촉발이라는 것을 알게 되었다고 해서, 이때 느끼는 것들이 의미가 없어지는 건 아니다 – 다만 이것은, 우리의 느낌이 촉발요인보다 더 나쁜 무엇인가를 기억하고 있다는 것에 대한 이야기이다.

때로는 촉발요인이라는 것이 놀라거나, 소리 지르는 걸 듣거나, 당황하거나, 비난받거나, 무시당하거나, 거절당하는 것과 같이 누구라도 괴로워할 만한 것이기도 하다. 이런 일들이 일어날 때면 모든 사람들이 어느 정도의 괴로움을 겪게 되지만, 이러한 사건들로 인해 촉발되기까지 한다면 "이중고"를 겪게 될 수 있다. 다른 사람들과 마찬가지로, 당신 역시 일어난 일로 인해 당연하게 화가 나고 괴로워할 수 있지만, 이로 인해 촉발되기까지 한다면, 그 영향이 배가 될 것이다. 만약 창피한 상황도 촉발요인이라면, 창피하다는 느낌은 압도적이면서도 아무것도 할 수 없을 정도의 수치심이 될 수도 있다.

심지어는, 외상화된 많은 사람들은 단지 자신의 감정을 – 그것이 어떤 감정이든 – 느끼는 것만으로도 촉발되곤 한다. 외상적 환경에 있는 아이들에게는 괴로움이 드러나는 것조차 안전하지 않기 때문에, 불쾌함을 느끼거나, 눈물이 고이거나, 화가 나는 것 (또는 이 세 가지가 모두 결합된 것) 역시 촉발요인이 될 수 있다.

　　대부분의 트라우마 생존자들이 어려워하는 부분은, 느낌과 몸의 기억은 기억처럼 느껴지지 않는다는 것이다. 수치심은 지금 일어나고 있는 현실처럼 느껴지고, 두려움과 공포는 우리가 지금 당장 안전하지 않다는 것처럼 느껴진다. 그 무엇도, "걱정하지 마세요 — 당신은 그냥 기억을 하고 있을 뿐이에요."라고 말해주지 않는다. 트라우마 분야의 선구자 중 한 명인 Bessel van der Kolk는, 치료자들에게 "우리는 무엇보다도 환자들이 현재에서 온전하고 안전하게 살아갈 수 있도록 도와야 한다(van der Kolk, 2014. p. 73)."고 말했다. 과거에 접근하는 것은 쉽다. 필요한 것은 촉발요인뿐이다. 트라우마 생존자들이 어려워하는 것은 지금, 여기에 있는 것이다. 회복의 과정 중에 있는 이 단계를, 당신의 몸이 거기에 있는 게 아니라 여기에 있다는 걸 배우도록 돕는 프로젝트라고 생각해보아라. 그리고 다음 장에서 볼 수 있듯이, 당신의 뇌는 당신이 그렇게 하게끔 도울 수 있다.

WORKSHEET 3   당신의 뇌에 대해 알아보기

당신 뇌의 각 부분이 일상생활에 어떤 도움을 주는지를 도표에 적어보세요. 생각하는 뇌가 자원이 될 수도 있지만, 제자리걸음을 하고 있거나 쉬지 않고 돌아가고 있을 수도 있습니다. 또 감정적인 뇌가 강점이 되고 있을 수도 있고, 혹은 압도되어 있을 수도 있습니다. 파충류의 뇌는 과잉반응을 하고 있을 수도, 또는 얼어붙어 버리면서 당신이 어떤 행동을 하고 싶어 할 때에도 그러지 못하게 끔 하고 있을 수도 있습니다.

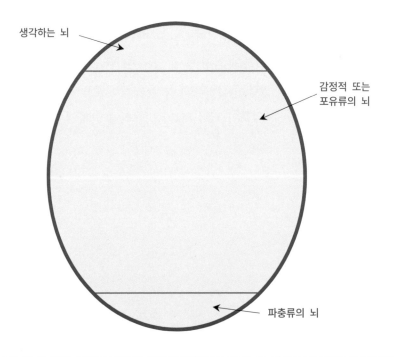

당신 뇌의 어떤 부분이 당신의 강점이 되고 있나요?

어떤 부분이 가장 어려움을 겪고 있거나 문제를 만들어내고 있나요?

"삼위일체 뇌" 모델(McLean, 1967)

WORKSHEET 4 당신의 뇌는 트라우마를 어떻게 기억하는가

뇌의 각 부분이 기억하는 것에 대해 써 보세요. 모든 세부사항을 다 쓸 필요는 없습니다. 단어나 문장 몇 개 정도면 적당합니다. 예를 들면, "나는 무슨 일이 일어났는지를 기억한다" 또는 "나는 나의 어린 시절이 기억나지 않는다" 또는 "나는 아무 느낌 없이 그것에 대해 말할 수 있다" 또는 "나에게는 오직 압도되는 느낌과 반응만 있을 뿐이다" 등이 있습니다.

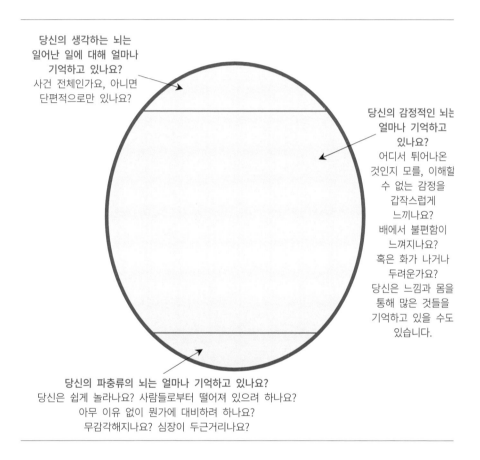

당신의 생각하는 뇌는 일어난 일에 대해 얼마나 기억하고 있나요? 사건 전체인가요, 아니면 단편적으로만 있나요?

당신의 감정적인 뇌는 얼마나 기억하고 있나요? 어디서 튀어나온 것인지 모를, 이해할 수 없는 감정을 갑작스럽게 느끼나요? 배에서 불편함이 느껴지나요? 혹은 화가 나거나 두려운가요? 당신은 느낌과 몸을 통해 많은 것들을 기억하고 있을 수도 있습니다.

당신의 파충류의 뇌는 얼마나 기억하고 있나요? 당신은 쉽게 놀라나요? 사람들로부터 떨어져 있으려 하나요? 아무 이유 없이 뭔가에 대비하려 하나요? 무감각해지나요? 심장이 두근거리나요?

당신의 파충류의 뇌는 얼마나 기억하고 있나요?
당신은 쉽게 놀라나요? 사람들로부터 떨어져 있으려 하나요? 아무 이유 없이 뭔가에 대비하려 하나요?
무감각해지나요? 심장이 두근거리나요?

WORKSHEET 5   촉발요인과 촉발을 알아보기

촉발될지도 모른다는 생각이 들 때마다, 당신의 반응(느낌, 생각, 신체적 반응), 그것의 강도, 직전에 있었던 일, 그리고 당신이 어떻게 대처했는지에 대해 적어보세요. 그것을 무시하거나 억누르려고 했나요? 자기 자신이나 촉발요인에 대한 판단을 내리려고 했나요? 판단하려 들지 말고, 그저 알아차려 보세요.

날짜, 시간, 상황	촉발된 느낌, 생각, 그리고 신체적 감각	강도: 0-10	촉발요인: 방금 전에 무슨 일이 있었나요?	대처: 대처하기 위해 무엇을 했나요?

WORKSHEET 6　당신이 촉발되었다는 걸 어떻게 알 수 있을까?

촉발되고 있다는 신호를 알아보는 것은, 현실을 인식하는 데 도움이 됩니다. 내가 지금 촉발되고 있는 건가요, 아니면 정말 위험한 건가요? 내가 직장을 그만둬야 하는 건가요, 아니면 그냥 촉발을 겪는 중인 건가요? 촉발을 인식한다는 말이, 느낌을 등한시하라는 뜻은 아닙니다. 다만 이것은, 우리의 느낌이 촉발요인보다 더 나쁜 무엇인가를 기억하고 있다는 것에 대한 이야기입니다.

당신이 알아보는 촉발 신호에 표시해보세요.

☐ 떨림, 몸서리치는　　　　　　　☐ 도망치고 싶은 욕구

☐ 압도적인 감정　　　　　　　　☐ 이를 악묾

☐ 숨을 쉬기 어려움　　　　　　　☐ 견딜 수 없는 느낌

☐ 쓰러질 것 같은 느낌　　　　　　☐ 두려운, 겁에 질린

☐ "나를 이해할 수가 없는" 느낌　　☐ 자기 자신에 대한 혐오

☐ 포기하거나 죽어버리고 싶은 마음　☐ 타인에 대한 혐오

☐ 자기 자신을 다치게 하려 함　　　☐ 분노감

☐ 술이나 약물을 사용하려 함　　　☐ 압도적인 수치심

☐ 다리의 떨림　　　　　　　　　☐ 상황에 맞지 않는 감정

☐ 전반적으로 무감각해짐　　　　　☐ 상황에 맞지 않는 행동

☐ 갑작스럽고 강렬한 신체적 또는　　☐ 복부에 힘이 들어가거나, 속이 뒤틀리거나,
　 감정적 반응　　　　　　　　　　 배를 꽉 잡게 됨

촉발되고 있다는 신호가 보이면, 자기 자신에게 "이건 그냥 촉발이야 – 촉발되고 있는 거야 – 그냥 그게 일어나고 있는 일의 전부야."라고 반복해서 알려주세요.

뇌는 어떻게 우리가 살아남도록 도와주는가

예상하지도, 눈치채지도 못한 촉발요인이 경고신호를 울리고, 우리의 몸은 갑작스럽게 긴장하거나 놀라게 된다. 심장은 쿵쿵거리기 시작한다. 동시에 생각하는 뇌 또는 전전두엽 피질은 멈춰버리는데, 이로 인해 생각을 하기에는 어려워지지만, 만일 우리가 정말로 위험한 상황에 있는 것이라면 보다 빠르고 본능적으로 대처하기에는 쉬워진다. 생각하는 뇌 없이는, 한발 물러서서 상황을 평가해보거나 최선의 대안을 생각해 볼 수 없다. 응급상황에서는 생각할 겨를이 없다. 즉각적인 생존이 위태로운 상황에서는 언제나 본능이 더 낫고도 빠르지만, 그 위협이라는 것이 일단 끝나고 나면, 우리는 외상적인 과거로부터 치유되기 위해 마음챙김적 알아차림과 생각하는 능력을 필요로 한다.

하지만, 일상생활에도 뇌와 몸이 마치 우리가 위험에 처해있는 것처럼 계속하여 반응하기 때문에 이에 어려움을 겪게 된다. 몇 년이 지나고, 자신의 세상이 안전해져도, 어떤 촉발요인들이 내면의 경보장치를 울릴 때면 똑같은 위기 반응이 활성화된다. 이러한 경험이 매일 일어나다 보면, 트라우마 생존자들은 압도되고 혼란스러워하게 된다. 그들은 "나는 왜 이렇게 화가 나지? 이렇게까지 두려워하지? 이렇게나 수치스러워할까?" 하며 의아해한다. 그리고 이들이 도달하는 가장 흔한 결론은, 이들을 더욱 수치스럽고, 들키게 될까 봐 두렵고, 방어적이게 만드는 "나에게 뭔가 문제가 있어."이거나, 흔히 불안, 분노, 수치심, 무망감을 증가시키는 "내 집/직업/친구/배우자/삶의 방식에 뭔가 문제가 있어."이다. 그리고 우리가 기분이 나빠질수록, 당연하게도, 우리는 더 충동적이 된다.

우리가 도달하는 자동적인 결론과 마찬가지로, 촉발요인 역시 생각하는 뇌를 비활성화시켜 파충류의 뇌가 본능에 따라 자유롭게 활동하도록 한다. 그러면 파충류의 뇌는 본능적으로 무엇을 찾으려 할까? 안도감과 안전감이다. 빠르게 안도감을 찾고자 하는 절박한 충동은, 우리의 행동의 결과를 판단하는 능력의 상실과 함께 짝지어서, 언제나 개인을 더 큰 위험에 노출시키거나 더한 악순환에 처하게 한다.

이는 누구의 잘못도 아니다. 뇌와 몸은 그저 지각된 위협에 반응하고 있을 뿐이다. 우리는 생각하고 계획하는 능력을 잃는 것을 의식적으로 선택하는 게 아니다 — 이것은 자동적으로 일어난다.

치유와 생각하는 뇌

하지만, 생각하는 뇌는 그저 명확하게 생각하고 좋은 결정을 내리게 하는 것 이상의 것들을 해낸다. 치유에는 — 즉, 지금 이 순간 안전하다고 느끼고, 우리가 안전하다는 것을 알기 위해서는 — 전전두엽 피질 활동의 회복이 필요하며, 이를 통해 우리가 관찰하고, 깊이 생각하고, 우리 자신과 타인을 보다 전체적인 시야에서 바라보고, 호기심과 연민에 접근할 수 있게 될 것이다. 지혜에는 뇌의 이 부분이 필요하다. 우리가 지혜로운 마음이라는 표현을 사용할 때, 사실은 이마 정중앙 바로 뒤에 위치한 내측 전전두엽 피질을 일컫는 것이다. 이것은 우리가 환경과 우리 자신, 그리고 우리 주변의 사람들을 관찰하도록 돕는, 즉, 말 그대로 큰 그림을 볼 수 있게끔 돕는 일을 한다. 우리는 명상을 하거나, 알아차리거나, 특정한 무언가에 집중하거나, 마음을 가라앉히며 거리를 두고 무언가를 살펴보려 할 때 뇌의 이 부분을 사용한다. 또한, 이것은 우리가 뇌의 다른 부분들로부터 정보를 통합하도록 도와준다. 우리는 "나 불안해."라고 생각하고 나서, 우리의 무릎이 떨리고 심장이 빠르게 뛰고 있다는 것을 알아차리게 될 수 있다.

무엇보다도, 내측 전전두엽 피질이나 지혜로운 마음은 편도체를 진정시키는 힘을 지니고 있는데, 편도체는 트라우마와 관련된 느낌 및 몸의 기억들이 저장되거나 부호화되는 감정적 기억 중추로 추정되는 구조이다. 이와 더불어, 편도체는 환경에 잠재적인 위협이 있는지를 살펴보는 보초로서의 기능도 맡고 있다. 우리가 지혜로운 마음을 활성화시키면, 몸과 신경계에 이제 여기는 안전하다는 신호를 보내게 되고, 이에 따라 편도체는 자동적으로 자신의 활동을 감소시킨다. 집에 있는 화재경보기를 떠올려보자. 이것은 대개 토스트가 타고 있을 때 울리기 시작한다: 우리가 내측 전전두엽 피질을 활성화시키면, 상황을 좀 더 잘 식별해 낼 수 있게 된다. 토스트가 타는 냄새가 난다는 사실을 알아차리면, 뇌에서 울리던 화재경보기가 경고음을 멈출 것이다.

[그림 3-1]을 보면, 생각하는 뇌가 어떻게 자동적인 트라우마 반응을 바꾸도록 도와주는지를 알게 될 것이다. 우리가 파충류의 뇌나 감정을 가지고 상황을 논리적으로 설명할 수는 없지만, 생각하는 뇌가 지니고 있는 관찰하는 능력과 현

그림 3-1 우리의 뇌를 이용해 트라우마의 영향을 치유하기

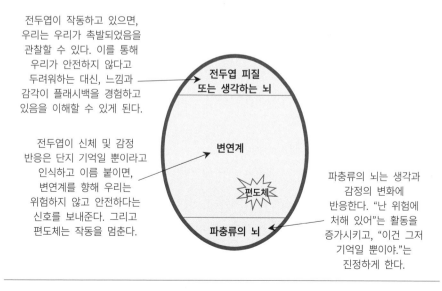

트라우마 기억을 치유하기 위해선, 생각하는 뇌를 "깨워야" 한다

전두엽이 작동하고 있으면, 우리는 우리가 촉발되었음을 관찰할 수 있다. 이를 통해 우리가 안전하지 않다고 두려워하는 대신, 느낌과 감각이 플래시백을 경험하고 있음을 이해할 수 있게 된다.

전두엽 피질 또는 생각하는 뇌

변연계

편도체

파충류의 뇌

전두엽이 신체 및 감정 반응은 단지 기억일 뿐이라고 인식하고 이름 붙이면, 변연계를 향해 우리는 위험하지 않고 안전하다는 신호를 보내준다. 그리고 편도체는 작동을 멈춘다.

파충류의 뇌는 생각과 감정의 변화에 반응한다. "난 위험에 처해 있어"는 활동을 증가시키고, "이건 그저 기억일 뿐이야."는 진정하게 한다.

재로부터 과거를 구별해내는 능력을 이용해 몸과 신경계를 진정시킬 수는 있다.

우리는 트라우마 사건이 언제 끝났는지를 어떻게 알 수 있을까?

트라우마 상황에서는, 많은 일들이 빠르게 지나가 버리고 그 강렬함에 압도된다. 생각하는 뇌가 멈추어버리면, 우리는 무슨 일이 일어나고 있는지를 전혀 이해할 수 없게 된다 – 이것이 바로 대부분의 생존자들이 사건이 결국 끝났다는 사실을 온전히 자각하지 못하는 이유이다. 그것은 이미 끝났지만, 끝난 것처럼 느껴지지 않는 것이다. 우리가 안전하다는 것을 알 수 있는 방법은, 안전하다는 느낌과 신체 감각을 받는 것, 또는 우리가 안전한지 – 아니면 여전히 위험에 처해있는지를 지적으로 가늠해보는 것뿐이다. 하지만 뇌의 내부 경보장치가 활성화되며 위협이 지금 존재한다는 것처럼 반응하고 있을 때에는, 우리는 계속해서 안전하지 않다고 느끼게 될 것이다.

당신은 이러한 체계가 어떻게 원시시대의 사람들이 살아남게 도와주었는지에 대해 쉽게 알 수 있다. 위협을 지각하는 데 치우쳐진 뇌와 몸을 갖고 있다는 것은, 위험에 덜 반응하는 것이 아니라 과도하게 반응하게 된다는 것을 말한다. 1장에서 배웠던 것처럼, 직면하고 있는 무수한 위협에 덜 반응했던 선조들은 생존할 가능성이 더 적었던 반면, 과잉반응했던 이들은 더욱 경계하고 방어할 준비가 되어 있었을 것이다. 뇌의 부정적 편향(Hanson, 2013)은 위험에 대비하게끔 해주지만, 그 영향은 사건이 끝난 지 수년에서 수십 년까지도 트라우마 생존자들을 괴롭힌다.

선조들이 살던 시절에는 안전감에 빠져 긴장을 늦추는 것이 적응적이지 않았기 때문인지, 몸의 위기 스트레스 반응은 극단적인 방향밖에는 알지 못한다. 다음과 같은 두 가지 속도만 갖고 있을 뿐이다: "그냥 앉아있지 말고 – 뭔가를 해!" 그리고 "움직이지 마 – 안전하지 않아." 이 둘 각각은 우리의 감정과, 신체

그림 3-2 신경계는 어떻게 위협으로부터 우리를 방어하는가

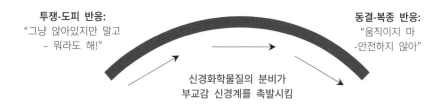

신경계는 어떻게 위협으로부터 우리를 방어하는가

투쟁-도피 반응:
"그냥 앉아있지만 말고
– 뭐라도 해!"

동결-복종 반응:
"움직이지 마
-안전하지 않아"

신경화학물질의 분비가
부교감 신경계를 촉발시킴

교감 신경계
우리가 위험에 처하면, 몸은 심박수와
호흡을 증가시키기 위해 아드레날린이
솟구치는 것을 경험하게 되고, 이는 근육을
긴장시키고 우리가 행동하기 위한 에너지를
급증시킨다. 반응 속도를 높이기 위해,
생각하는 뇌는 멈추게 된다.

부교감 신경계
도망치거나 싸우는 것이 안전하지 않은
상황에서는, 다른 화학물질들이 심박수와
호흡을 느리게 하여 힘이 빠짐, 탈진, 취약함,
떨림과 부들거림, 메스꺼움이나 설사, 그리고
얼어붙는 것과 완전한 복종 또는 죽은 척과
같은 생존 반응을 일으킨다.

적 반응, 그리고 충동을 조절하는 뇌 체계인 자율 신경계의 각기 다른 가지에 의해 움직인다. 이 신경계의 두 갈래는 다른 방식으로 반응하게끔 특수화되어, 우리에게 생존을 위한 더 많은 선택권을 쥐어준다.

우리가 위험에 처하면, [그림 3-2]에 나와 있는 것처럼, 먼저 교감 신경계가 곧바로 동원된다. 근육 조직으로 가는 산소의 흐름을 증가시키기 위해 심박수가 빨라지게 된다. 우리는 에너지가 솟구치는 것을 느끼고, 몸에서 생각하는 뇌를 포함한 모든 비필수적인 체계들이 멈추어버리면서, 우리가 지닌 모든 에너지는 싸우고, 도망치고, 숨거나, 눈에 띄지 않는 데 집중된다.

다음으로 두 가지 조건에 따라 부교감 신경계가 활성화된다. 만약 순응하는 것보다 우리 자신을 보호하려고 드는 것이 더 위험하거나, 갇혀있는 상황이라면, 부교감 신경계가 우리의 방어 충동을 억제하는 역할을 하며 우리는 수동적이고 순응하는 모습을 보이게 된다. "죽은 척"을 하는 것이다. 만약 우리가 위험으로부터 살아남고 위협이 끝나게 되면, 부교감 신경계는 우리가 쉬고, 상처를 핥고, 치료하게 해준다.

워크시트 7: 과거와 현재를 구별하기를 활용해 당신의 마음과 몸이 과거에 있는지, 아니면 현재에 있는지를 알아볼 수 있다. 우리가 위험에 처해있는 것이 아니라 기억을 하고 있는 것뿐이라는 사실을 알게 되면, 지금-여기에서 과거의 순간을 경험하는 것이 기분을 상하게 만들 수는 있지만 위험한 것은 아니게 된다.

예를 들어, 아이들은 구타를 당하는 아내, 전쟁 포로, 인질들과 마찬가지로 얼어붙어 버리거나 "죽은 척" 하는 반응에 거의 전적으로 의존한다. 힘이 더 약할 때 도망치거나 싸우려 하는 선택은 안전하지 않고 ― 그저 다치게 될 위험만 높일 수 있으며 ― 인간의 뇌와 몸은 본능적으로 그 순간에 가장 적응적인 생존 반응을 선택하게끔 구성되어 있다.

아마도 당신은 "내가 왜 맞서 싸우지 않았을까?" 하고 궁금해했을 것이다. 답은, 그 결정을 내린 건 "당신"이 아니라는 것이다. 당신의 몸과 뇌는 싸우는 건 안전하지 않다고 판단했다. 당신의 생각하는 뇌가 멈추면서, 몸은 이제 다음으로 무엇을 해야 할지를 본능적으로 결정했다.

워크시트 8: 우리의 신경계는 어떻게 우리를 방어하는가를 통해 당신의 신경계가 어떻게 작동하는지를 살펴보라. 당신이 알아차리게 되는 것들은 지금 당신의 행동과 반응을 이해하게 해줄 것이며, 이러한 양상은 당신이 어떻게 살아남았는지에 대한 더 많은 설명을 제공해 줄 것이다.

외상 후 트라우마 증상이 어떻게 우리의 트라우마 이력을 반영하는가

외상후스트레스 장애(PTSD)의 부분들은 위험이 끝난 이후에도 우리의 신경계가 여전히 우리의 생명을 구하기 위해 노력하는 방식에서 드러난다. 우리가 촉발될 때면, 고도의 교감신경 활성화가 몸과 마음에 경고를 전한다. "적색경보! 위험을 주의하십시오!" 이는 신체적 에너지를 급증시키고, 강렬한 본능적 충동과 얼음처럼 차가운 차분함을 제공하여 우리로 하여금 초인적인 힘을 발휘하게 한다. 하지만 만약 행동을 하는 것이 위험한 상황이라면, 몸은 교감 신경계가 각성되는 것을 위협으로 지각할 수 있으며, 자동적으로 부교감 신경계가 브레이크를 밟게 하여 우리의 움직임이 멈추어버리게 한다. 그리고 몇 년이 지난 후에도 부교감 신경계가 주도권을 지닌 채로 개인의 에너지와, 욕구, 자신감을 앗아갈 수 있다.

자신의 뇌와 몸이 이러한 느낌과 반응을 일으키고 있다는 것을 알지 못하고, 트라우마 사건들이 자신의 신경계가 이러한 방식으로 반응하도록 조건화했다는 것을 알지 못한 채로, 트라우마 생존자들은 자기 자신을 비난하며 다음과 같이 생각한다. "나는 우울해 ─ 우울할 게 아무것도 없는데도 말이야." 또는 "난 그냥 화가 많은 사람이야." 또는 "나는 내가 왜 이렇게 모든 것들을 두려워하는지 모르겠어 ─ 난 그냥 겁쟁이인가 봐." 하지만 자기 자신을 탓하는 것은 촉발요인으로 작용할 수 있으며, 개인들로 하여금 상황을 더욱 악화시키는 방식으로 이러한 문제들을 해결해보려고 애쓰게끔 만들 수도 있다. 우리는 이제 비교적 거의 위험하지 않은 세상에 살고 있는데도 위협에 적응한 신경계를 지니고 있으며, 이러한 적응은 우리가 더 이상 이를 필요로 하지 않을 때에도 우리의 몸에서 활발히 활동하는 트라우마의 살아있는 유산이 지속되게 만든다.

[그림 3-3]은 만성적이거나 반복적으로 일어나는 위협에 대한 반응으로서 나타나는 가장 일반적인 자율 신경계 활성화 양상에 대해 보여주고 있다. 도표를 보면서, 어떠한 각성 양상이 자신에게 가장 익숙하게 느껴지는지를 살펴보라. 환경을 비롯하여 당신이 일상에서 느낄 수 있는 일반적인 스트레스들에 대한 신경계의 반응 양상은 당신의 생존에 대한 이야기를 들려주며, 당신이 한때 직면했던

트리우미 상황에 이것이 이떻게 적응해갔는지를 보여준다. 당신은 계속해서 경계하고, 긴장하고, 두려워하고, 반응하려고 하면서 살아남았는가? 아니면, 멈추어버리고, 무감각해지고, 멍해지면서 살아남았나? 뛰거나 싸우는 쪽이 당신에게 더 나은 선택지였나? 아니면 힘이 빠지면서 수동적으로 있는 쪽이 더 나았나? 당신의 몸은 실제로 당시에는 무엇이 가장 안전했는지에 대해 말해주고 있다. 비록 그것이 지금은 도움이 되지 않더라도 말이다. 이 도표는 당신이 인내의 창 바깥에 있을 때를 알아차릴 수 있게끔 도와주는 방법이 될 수 있으며, 자신의 속도를 늦춰야 할지, 혹은 높여야 할지를 알려주는 역할을 할 수도 있다.

그림 3-3 위험하고 위협적인 세상에 적응한 신경계

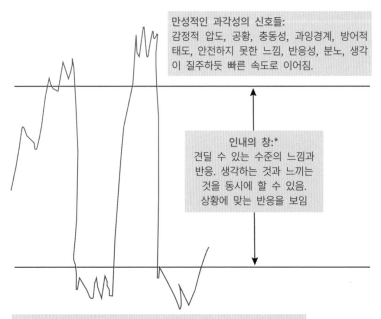

트라우마 이후, 신경계는 위험에 대비하기 위해 계속해서 움직인다
(Ogden, Minton, & Pain, 2006)

만성적인 과각성의 신호들:
감정적 압도, 공황, 충동성, 과잉경계, 방어적 태도, 안전하지 못한 느낌, 반응성, 분노, 생각이 질주하듯 빠른 속도로 이어짐.

인내의 창:*
견딜 수 있는 수준의 느낌과 반응. 생각하는 것과 느끼는 것을 동시에 할 수 있음. 상황에 맞는 반응을 보임

만성적인 저각성의 신호들:
무감각함, "죽은 듯한" 수동성, 느낄 수 없음, 에너지가 없음, 생각할 수 없음, 단절되어 있음, 멈추어버림, 현재에 있지 않음, 수치심, "안 돼"라고 말할 수 없음

* Siegel(1999). Ogden 등(2006)에서 각색함.

워크시트 9: 트라우마와 인내의 창은 트라우마가 지나간 이후에도 당신의 교감 신경계와 부교감 신경계가 어떻게 계속해서 반응하는지, 이것들이 당신의 느낌과 행동에 어떻게 계속해서 영향을 주는지, 그리고 당신에게 얼마나 더 넓은 인내의 창이 필요한지에 대해 알려준다. 종종, 우리의 교감 신경계와 부교감 신경계는 예측 가능한 방식으로 움직인다. 특정한 상황은 어떠한 반응을 촉발시키는데, 인내의 창을 넓히는 데 도움이 되는 긍정적인 촉발요인이 되기도 한다. 또한, 그러한 정보들도 워크시트에 포함시켜서 살펴보면, 트라우마와 관련된 촉발요인을 예측하고 긍정적인 촉발요인들을 찾아내는 데 도움이 될 것이다.

그 당시에는 당신에게 신경계가 반응하는 방식에 대한 통제권이 전혀 없었다는 사실을 기억하라. 뇌는 우리가 상황을 의식적으로 자각하기 훨씬 이전에 반응하며, 우리는 도마뱀과 마찬가지로 우리의 본능적인 반응을 통제할 수 없다. 이러한 반응을 신경계 기억이나 생존 반응으로서 이해하게 되면 좀 더 견딜 만하게 느껴지기도 한다. 우리가 왜 무감각해지거나 화들짝 놀라게 되는지를 이해하지 못하면, 우리는 자신의 반응을 보다 당황스러워하고 수치스러워하게 된다.

자신이 왜 이러한 반응을 보이는지에 대한 이해 없이, 그저 반응이 일어나는 것을 필사적으로 막고, 명확하게 생각할 수 없는 채로, 많은 트라우마 생존자들은 충동적으로 행동하는 자신을 발견하게 된다. 행동의 결과를 고려하는 데에는 생각하는 뇌와 생각할 시간을 가져보는 감각이 필요하다. 트라우마 생존자들이 촉발될 때 의지하는 극단적인 방법들은, 일 중독이나 완벽주의에서 나타나는 음식 및 알코올 남용부터, 심각한 물질 남용 장애, 강박적 자해, 생명을 위협하는 수준의 섭식 장애, 또는 자살 충동 및 행동에 이르기까지 다양하다. 다음 장에서는, 이와 마찬가지로 처음에는 몸에 보다 안전한 느낌을 가져다주지만 결국에는 생명과 안정에 위협이 되는 행동 양상들에 대해 이해하고 작업하는 방법에 대해 살펴볼 것이다.

WORKSHEET 7   과거와 현재를 구별하기

우리가 과거에 반응하고 있을 때를 인식하는 방법을 배우면, 우리가 안전한 때(다만 촉발되고 있는)와 실제로 위험할 때를 알아보는 데 도움이 됩니다. 이는 우리가 무망감, 두려움, 분노, 우울, 미쳐버릴 것 같은 느낌을 덜 느낄 수 있게 도와줍니다. 우리가 언제 기억을 떠올리고 있는지를 알아차리는 것은 도움이 됩니다. 당신이 괴로움을 느낄 때마다, 이 워크시트를 작성하며 무슨 일이 일어나고 있는지를 알아보세요.

언제	당신은 무엇을 하고 있었나요?	어떤 느낌과 감각이 있었나요?	당신이 이러한 방식으로 느끼는 데 영향을 미치는 믿음은 무엇인가요?	이러한 생각/느낌들이 과거에 더 와닿았나요, 아니면 지금 더 와닿나요?

만약 당신이 이러한 느낌이 지금보다는 과거에 더 와닿았던 것 같다고 생각한다면, 어떻게 될 것 같나요?

WORKSHEET 8 우리의 신경계는 어떻게 우리를 방어하는가

당신의 신경계가 어떻게 작동하는지에 대해 적어보세요. 촉발이 될 때면, 당신의 교감 신경계는 무엇을 하나요? 당신의 투쟁–도피 반응은 어떠한가요? 당신의 부교감 신경계는 무엇을 하나요? 어느 쪽이 더 익숙하게 느껴지나요?

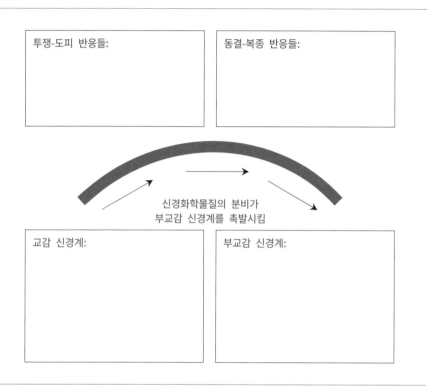

투쟁-도피 반응들:	동결-복종 반응들:

신경화학물질의 분비가
부교감 신경계를 촉발시킴

교감 신경계:	부교감 신경계:

WORKSHEET 9   트라우마와 인내의 창

자신에게 있다고 생각되는 자율 신경계 과각성과 저각성에 동그라미를 그려보고, 여기 쓰여있지 않은 다른 신호들도 적어보세요. 이러한 상태들을 자극하는 것으로 생각되는 상황에 대해서도 적어보세요. 예를 들어, 당신은 혼자 있을 때와 사람들 주변에 있을 때 중 언제 더 과각성 되나요? 직장에서는 좀 더 인내의 창 안에 있을 수 있나요?

만성적인 과각성의 신호들: 감정적 압도, 공황, 충동성, 과잉경계, 방어적 태도, 안전하지 못한 느낌, 반응성, 분노, 생각이 질주하듯 빠른 속도로 이어짐. 그리고: _____ _____ _____	**나는 언제 내가 과각성되어 있다는 것을 발견하게 되나요?** _____ _____ _____
인내의 창: 견딜 수 있는 수준의 느낌과 반응, 생각하는 것과 느끼는 것을 동시에 할 수 있음. 상황에 맞는 반응을 보임. 그리고: _____ _____ _____	**나는 언제 내가 인내의 창 안에 있다는 것을 발견하게 되나요?** _____ _____ _____
만성적인 저각성의 신호들: 무감각함, "죽은 듯한" 수동성, 느낄 수 없음, 에너지가 없음, 생각할 수 없음, 단절되어 있음, 멈추어버림, 현재에 있지 않음, 수치심, "안 돼"라고 말할 수 없음. 그리고: _____ _____ _____	**나는 언제 내가 저각성되어 있다는 것을 발견하게 되나요?** _____ _____ _____

외상 후 대처와 관련된 어려움들

　이 위협적인 세상에서, 지지, 보호, 그리고 위안도 없이, 어린이들은 압도적인 상황과 견디기 힘든 느낌들을 조절하기 위해 자신의 몸에 있는 제한된 자원에 의존해야 한다. 태어날 당시에는 몸과 신경계가 아직 미숙한 상태이기 때문에 아기들은 가장 적은 자원을 지니고 있지만, 이들조차도 해리되거나 축 늘어지고, 무감각한 부교감 신경계적 상태가 될 수는 있다. 유아 및 미취학 아동들에게는 좀 더 많은 대안이 있다. 이들은 자신을 달래기 위해 음식을 사용하거나, 즐거운 느낌을 자극하기 위해 자위를 할 수도 있다. 또한 과잉활동이나 위험한 행동을 통해 아드레날린의 생성을 자극할 수도 있다. 아이들이 잠재기와 사춘기 초반에 다다르면, 더욱 많은 선택지들이 가용해진다. 음식을 제한하고, 폭식과 구토를 하고, 강박적 행동 패턴을 발달시키고, 성적으로 행동화하고, 자기 자신을 꼬집거나 할퀴고, 자살에 대한 공상을 할 수도 있다. 또한 덜 자기−파괴적인 대처 역시 발달할 수 있다. 책 또는 공상에 빠지거나, 부모화된 행동[1]을 하고, 지나치게−성취하려 하는 것 등이 있다.

　청소년기에 들어서면, 체력과 신체 능력이 성장하면서 자기−조절을 위한 새로운 선택지들이 떠오르게 된다. 이제 도망치는 것이 선택지 중 하나가 된다. 또한 십대들은 담배 및 약물에 더 많이 접근하거나 성적인 행동화를 할 수 있으며, 보다 심각한 섭식 장애 행동에 몰두하고, 자살 충동에 따라 행동할 수 있는 힘을 지니고 있다. 몸은 이제 억제되어 있거나 미성숙한 전전두엽 피질에 의해

---

1) parentified behavior.

충분히 검토되지 않은 채로 타인이나 자신을 향해 폭력을 사용할 수 있게 된다. "극단적인 상황에서는 극단적인 수단이 필요하다,"라는 말에서처럼, 자기-파괴적 수단들은 흔히 트라우마를 경험한 아이들이 성년이 되어가면서 잘-조건화된 반응 양상이 된다. 자기 자신에게 물어보아라. "내가 내 느낌을 조절하기 위한 방법으로 처음 _____을 시작했을 때가 몇 살이었나?"

외상화된 신경계를 조절하기 위한 필사적인 노력들

모든 종류의 중독적이고, 섭식 장애적이고, 자기-파괴적인 행동은 인체에서 신경화학적인 반응을 일으킨다. 트라우마 생존자들이 자신의 트라우마 반응을 조절하기 위해 시도하는 몇 가지의 일반적인 방법들에 대해 좀 더 살펴보자.

자해(베기, 머리 들이받기, 벽치기, 자기 자신을 때리기)는 고통을 경감시키는 두 신경화학물질인 아드레날린과 엔도르핀의 생성을 자극하여 신속하게 몸에 안도감을 가져다준다. 앞서 논의된 바와 같이, 아드레날린은 에너지의 급증과 신체적인 힘을 만들어내며, "차분하고, 냉정하며, 침착하다"라고 묘사되는 상태를 유도한다. 의사, 간호사, 그리고 응급구조대는 자신이 맡은 일들을 잘 해내기 위해 아드레날린에 의지하며, 이는 자신의 일을 잘 해내고 있는 수많은 훌륭한 사람들도 마찬가지이다. 그리고 엔도르핀은 이완, 즐거움, 통증 완화와 관련된 신경화학물질이며, 몸에서 "행복" 화학물질을 맡고 있다. 자해로 인해 촉발되는 이 두 가지 화학반응의 조합은 자해를 한 사람의 신체적·감정적 고통을 즉각적이고도 완전하게 완화시키는 데 영향을 미친다.

음식 섭취를 제한하면 몸은 케토시스라는 신경화학적 상태로 들어가며, 이는 무감각해지는 효과를 가지면서도 동시에 에너지 증진을 북돋운다. 고로 거식증을 앓는 사람들이 그렇게 적게 먹고도 체육관에서 몇 시간을 운동할 수 있다는 것도 놀랍지 않은 일이다. 한편, 폭식과 과식은 무감각과 이완을 불러오는 효과를 지니고 있다.

약물(불법 물질이든 처방 약물이든)은 진정되는 것과 무감각함에서부터 자극 및 증진된 힘과 통제의 느낌에 이르기까지 다양한 효과를 갖고 있다. 알코올은 소량 복용 시에는 가벼운 흥분제가 되고 다량 복용 시에는 이완제가 되며, 불안 과 우울을 경험하는 트라우마 생존자들에게 어느 정도의 안도감을 가져다주기도 한다. 마리화나는 특히 하루 종일 간격을 두고 복용하면 저각성과 무감각한 상태 를 안정적으로 유지시키는 역할을 한다.

강박적 과잉행동, 일 중독, 그리고 위험성이 큰 모든 행동들 역시 아드레날 린의 생성을 자극하는 경향이 있으며, 그 반면에, 자신의 침대로 파고 들어가는 것과 활동을 줄이는 것은 멍하고 무감각한 느낌을 증가시키는 경향이 있다.

약물 사용이 남용이 되거나 자해가 적극적인 자살이 되기 훨씬 이전에는, 즉, 처음에는 트라우마 생존자들은 자신이 선택한 약물과 행동을 사용하면 자신 의 증상과 기능을 성공적으로 통제할 수 있다는 것을 배우게 된다. 나는 성공적으 로라는 단어를 사용했는데, 약물 사용, 섭식 장애, 혹은 생존자의 증상을 완화시 켜주는 자해 등은 트라우마를 경험한 사람들이 흔히 겪게 되는 자살, 기능 상실, 사회적 철수, 그리고 수많은 다른 문제들을 막아주기 때문이다.

[그림 4-1]은 사람들이 안도감을 얻기 위해 자신의 과각성 및 저각성에 본 능적으로 대처하는 방법들에 대해 보여준다. 이러한 행동들은 일시적이고 잘못 된 인내의 창을 만들어주며, 시간이 제한되어 있을 뿐만 아니라 환상에 불과한 "나는 이것을 감당할 수 있다."라는 감각을 제공한다.

그림 4-1　트라우마 생존자들은 외상화된 신경계에 어떻게 대처하는가?

인내의 창이 매우 좁아지면 어떤 일이 일어나는가?

만성적인 과각성:
강렬한 감정, 신체 반응, 자기-파괴적 충동에 압도된 채로, 음주, 약물 사용, 자해, 금식(또는 과식), 폭식과 구토, 심지어는 자해 계획에 이르기까지 – 과각성을 감소시켜 주면서도 잘못된 인내의 창에 대한 감각을 만들어주는 어떤 것을 통해서든 즉각적인 안도감을 찾으려 함.

좁은 인내의 창:*
아주 약간의 감정 또는 활성화조차도 견디기 어렵게 느껴짐.

만성적인 저각성:
무감각하고, 죽은 것 같고, 혹은 텅 비어버린 것처럼 느끼는 채로, 활성화를 증가시키기 위해 각성제, 자해, 또는 폭식과 구토에 의존함. 마리화나나 이외의 진정제를 매일 사용하며 무감각한 느낌을 유지하려 하기도 함. 이들 역시 잘못된 인내의 창에 대한 감각을 이용해 안도감을 찾는다.

* Siegel(1999). Ogden 등(2006)에서 각색함.

당신이 어떻게 자기 자신을 조절하는 방법을 배웠는지에 대해 살펴보기 위해, 워크시트 10: 당신은 어떻게 당신의 외상화된 신경계를 조절하는가?로 넘어가보자. 당신은 자신의 신경계와 고통스러운 감정을 어떻게 관리하려고 하나? 기분을 나아지게 하기 위한 당신의 "유용한" 방법은 무엇인가? 외상적 활성화를 관리하기 위한 방법 중 두 번째로 익숙한 것은 무엇인가? 자기 자신을 판단하려 들지 말고 – 그저 이러한 행동들이 어떻게 해서 도움이 되는 것인지에 대해 호기심을 가져보라! 당신이 알게 되는 모든 것들은 당신의 행동과 반응이 자기 자신을 돕기 위한 방법이었음을 이해하게 해줄 뿐만 아니라, 당신이 어떻게 살아남을 수 있었는지에 대해서도 알려줄 것이다. 생존의 여부가 두려움에 질려 경계하는 것에 달려있었는가? 수치스러워하고, 타인의 비위를 맞추어야 했나? 아니면 멈추어버린 채로 무감각해져야 했나? 혹은 계속해서 도망쳐야 했나?

중독적이고 자기-파괴적인 행동의 악순환

어떤 중독적이거나 자기-파괴적인 행동이라도, 처음에는 생존 전략으로써 시작된다. 무감각해지고, 침습적인 기억으로부터 벗어나고, 자신을 진정시키고, 과잉 경계를 증가시키거나, 우울감과 싸우거나, 혹은 해리를 촉진시키기 위한 방법으로. 하지만 강박 행동 역시 몇 분에서 몇 시간이 지나면 사라지는 "약물 효과"를 지니고 있기 때문에, 긍정적 효과를 잃지 않기 위해 그러한 행동이나 물질을 반복하여 사용해야 한다는 필요성이나 절박감이 증가된다. 반복된 사용으로 인해 몸은 내성을 발달시키게 되는데, 이는 향정신성 물질(알코올, 헤로인, 또는 아드레날린과 같은 신체 화학물질)이 원래 수준의 안도감을 유지시키기 위해서는 계속해서 복용량을 증가시켜야 하며, 결국에는 그저 몸과 정서에서의 금단 효과를 막아내기 위해 필요해진다는 것을 의미한다.

몸의 내성이 증가하지 않았더라면, 트라우마 생존자들은 안도감을 얻기 위해 이와 같은 중등도의, 위험도가 낮은 방법들을 여러 해 동안 사용할 수 있었을 것이다. 그 대신에 시간이 흐르면서, 섭식 장애는 점차 악화되고, 물질 사용은 남용이 되어가고, 자해는 더욱 위험해지며, 자살에 대한 생각과 의도는 더욱 적극적으로 생명을 위협하게 된다. 따라서, 약물 사용이나 자기-파괴적 행동이 처음에는 외상 후 반응을 관리하기 위한 효과적인 접근으로써 시작되었을 수는 있지만, 점차 그것의 영향력이 커지게 되면서, 본래 막아보려 했던 증상 자체보다도 더욱 큰 위협이 되기에 이르기까지 점차 생존자의 기능에 지장을 주게 된다.

우리가 20대에 다다르며 생각하는 뇌가 성숙해지면, 안전하지 않은 행동의 결과를 인식할 수 있는 능력과 더불어 행동하기 이전에 생각을 하는 능력이 더욱 증진된다. 하지만 이렇게 증가된 인식 능력은 흔히 수치심을 낳는다. "내가 왜 이런 짓을 하는 거지? 누가 알기라도 하면, 날 판단하려 들 거야. 멈춰야 하는데, 그럴 수가 없어!" 생존자들은 이런 대처 방법을 사용하는 자신을 미워할 수도 있지만, 이 방법을 사용하지 않으면 견디기가 몹시 힘들어진다. 오래전에 느끼거나 인정하기에는 위험했던 감정과 암묵적인 기억들은, 지금에 와서도 여전히 똑같은 위협감과 − 어떤 대가를 치르더라도 이것을 막아야 한다는 절박한 필요성을 촉발시킨다.

자신의 광기를 위한 방법을 이해하지 못한 상태에서, 대부분의 트라우마 생존자들이 도달하는 논리적인 결론은 다음과 같다. "내게 뭔가 문제가 있는 게 분명해 − 내게 결함이 있는 것이 틀림없어." 물론 수치심과 자기−비난은 더욱 강렬하고, 견디기 어려운 느낌을 촉발시키며 − 더 나아가 이런 느낌을 멈추기 위해 무언가를 해야 한다는 필요성을 증가시킨다. 이제 문자 그대로, "진퇴양난"에 빠지게 된다. 압도적인 느낌의 흐름을 막아주는 행동을 그만두면, 이러한 느낌을 견디는 것이 더욱 힘들어진다. 하지만 행동을 멈추지 않는다면, 수치심이 자기−혐오로까지 악화된다. 트라우마 생존자들은 자신의 자기−파괴적 행동이 자신의 신경계와 견디기 힘든 신체적·감정적 반응을 조절하기 위한 기발한 시도임을 잘 깨닫지 못한다.

당신이 중독적이고, 자신을 돌보지 않고, 안전하지 않은 행동을 통해 압도적인 느낌을 관리하는 방법을 이미 학습한 트라우마 생존자인 경우라면, 트라우마와 당신이 이것에 대처하는 방법 모두를 다루기 위해서는 이 책 하나만 사용하는 것보다 더 많은 것이 필요하다. 그럼에도, 당신이 어떻게 생존하고 적응하는 방법을 배웠는지에 대해 생각해보는 이러한 방식은 중요한 첫 번째 단계가 된다. 다음 장에서는, 트라우마 반응을 관리하기 위한 위험한 패턴을 살펴보고 변화시켜보는 방법에 대해서 다루어 볼 것이다.

WORKSHEET 10 당신은 어떻게 당신의 외상화된 신경계를 조절하는가?

과각성

당신은 어떻게 당신의 과각성을 조절하려고 하나요? 자기 자신에 대한 판단을 내려놓고, 당신의 활성화를 안정시키거나 압도적인 감정으로 향하는 것을 막기 위해 당신이 하는 모든 것들을 적어 보세요.

_____

_____

_____

_____

_____

좁은 인내의 창:*
아주 약간의 감정조차도 견디기 어렵게 느껴짐.

저각성

당신은 어떻게 당신의 저각성을 조절하려고 하나요? 그것이 당신을 조절하나요, 아니면 당신이 그 것을 조절하나요? 자기 자신에 대한 판단을 내려놓고, 당신의 활성화를 돋우거나 무감각하고 무심 한 상태를 유지하기 위해 당신이 하는 모든 것들을 적어보세요.

_____

_____

_____

_____

_____

*Segel (1999)

자기-파괴적 대처 패턴으로부터 회복하기

의지력은 전전두엽 피질이나 사고하는 뇌가 멈추어버렸을 때에는 절대로 제 기능을 하지 못한다. 더욱 문제가 되는 것은, 안전감을 느끼고, 맨정신으로 있고, 술이나 약물 등을 절제하는 상태가 초반에는 과각성이나 저각성을 증가시키고 전전두엽 피질을 정지시켜버릴 수 있다는 것이다. 섭식 장애, 중독, 자살 및 자해를 안정시키기 위해 흔히 치료 프로그램이 필요하지만, 겨우 몇 주 또는 몇 달 내로 이러한 행동 패턴에서의 장기적인 변화를 만들어내는 것은 불가능하다. 안전하지 않은 행동을 위한 전통적인 방식의 정신과 입원은 위험요소를 안고 있으면서도, 실제로 트라우마 치료를 제공해주거나 생존자들이 새롭고 더 적응적인 대처 패턴을 개발하는 데 도움이 되는 경우는 적다. 위험에 처해 있는 개인을 위해 이러한 프로그램이 필요한 것과 마찬가지로, 병원이나 치료 센터 이상의 장기적인 접근이 필요하다.

트라우마와 중독 행동 치료를 위한 통합적 모델

정신건강의 세계는 물질 남용은 공중보건이나 의료적 문제로, 그리고 트라우마, 섭식 장애, 자살은 정신질환으로 여기는 등 대개 분열돼왔다. 이렇게 특수화된 방식은 둘 모두를 돕기 위한 방법을 찾는 것을 보다 어렵게 만들 수도 있다. 많은 트라우마 생존자들은 섭식 장애 전문가들이 증상에 영향을 미치는 트라우마의 역할에 대해 이해하지 못하고 있다고 항의한다. 자살을 시도하거나 자해를 하는 사람들은, 자신의 트라우마 이력이 무시되거나 심지어는 자신이 관심을 끌고 타인을 조종하려고 든다고 여겨질 때 이해받지 못한다고 느낀다. 중독 회복 장면에서는 점차 중독 장애에서의 트라우마의 역할에 대해 인식하고는 있지만, 여전히 "중독을 먼저 치료하는" 접근을 선호하는 경향이 있다. 나는 심각한 중독 및 섭식장애의 경우, 당신이 생각하는 뇌의 활용을 회복해갈 수 있게 하기 위해 먼저 관리되어야 할 필요가 있다는 데 동의한다. 그러지 않을 경우, 트라우마 또는 중독 장애로부터의 장기적인 회복은 불가능하다. 하지만, 전문가들이 생존자의 트라우마 이력을 알아주며, 트라우마와 강박적 행동이 어떻게 서로를 복잡하게 만드는지에 대해 볼 수 있게끔 도와준다면, 회복 프로그램에 더 쉽게 참여할 수 있게 될 것이다.

섭식 장애나 약물 남용 치료 프로그램은 생존자가 이에 매일 참여하는 경우에 더욱 효과적인데, 교육과 체계를 통해 생각하는 뇌를 자극해주기 때문이다. 중독 프로그램에서 최근 들어 맨정신으로 생활하게 된 사람은 감정에 대한 공포를 직면하는 것과 새로운 대처기술을 만들어보는 것에서 어려움을 겪게 된다. 그런데, 이 프로그램 밖으로 나가게 되면 촉발을 예측하고 조절하는 것이 더욱 어려워진다. ─ 이는 중독이나 섭식 장애 프로그램을 마친 트라우마 생존자들에게서 나타나는 높은 재발률을 설명해 준다. 많은 트라우마 생존자들이 장기적인 효과를 보지 못한 채로 병원과 중독/섭식 장애 프로그램에 들어갔다 나오기를 반복하는 과정에서, 자기 자신에 대한 수치심과 결핍감을 증가시킨다. 알코올 중독자 모임, 약물 중독자 모임, 과식자 모임, 성 중독과 성 및 사랑 중독자 모임 ─ 등의 12단계 프로그램들이 매우 촉발적일 수는 있지만, 이들이 갖는 이점이 부작용을 훨씬 앞서며, 나는 이를 강력히 추천한다.

덧붙여, 나는 생존자들이 트라우마와 자살, 트라우마와 중독, 트라우마와 섭식 장애, 트라우마와 이외의 강박 행동 사이의 복잡한 관계를 이해하는 치료자를 찾아보길 바란다. 치료자의 일은, 적응적인 의도를 살펴보며, 장애나 중독을 압도적인 느낌과 기억을 관리하기 위한 용맹한 시도로서 재구성하는 것이다. 한 개인이 간절히 도움을 필요로 하며 압도되어 있었으며, 이러한 행동이 초반에는 약간으로도 효과가 있었음을 이해하는 것이 회복을 위해 매우 중요하다.

　　개인이 물질을 사용하거나 몸에 해를 끼치는 것을 멈추고 자신이 얼마나 자기-파괴적이었는지와 관련된 깊은 수치심을 경험하기 시작하는 경우, 이 과정을 이해하는 것이 더욱 중요해진다. 하지만 수치심과 자기-비난이 전전두엽 피질을 멈추게 하며 학습 능력을 감소시킨다는 점을 기억하라. 반면에, 호기심은 생각하는 뇌의 활동을 증가시키며 이에 따라 새로운 학습을 촉진시켜준다. 그러니 호기심을 품고서 자기 자신에게 질문을 건네어보자.

- ＿＿＿＿＿＿ (예: 약물 사용, 몸을 베고 긋거나 상처를 내는 것, 섭식 장애)가 처음에는 어떻게 대처하는 데 도움이 되었나? 결과적으로 무엇이 달라졌나?
- 내가 왜 이러는지를 알지 못했음을 고려하며 질문에 답해 보자. 내가 이보다 더 많이 대처하거나 달리 대처해야 했을 때에는 어떻게 반응했나?
- 물질 사용, 자해, 폭식 및 구토를 더 많이 했나? 아니면 사용하던 물질을 바꿨나? 혹은 나의 신경계와 느낌을 관리하기 위한 새로운 방법을 찾았나?
- 영향을 받고 있을 때면 다른 방식으로 행동하기 시작했나? (예: 강박적인 성적 행동이나 자살에 몰두함으로써)
- 언제부터 이러한 중독이 나의 대처능력에 부정적인 영향을 미치기 시작했나?
- 나는 그 이후로 어떻게 했나?

　　당신은 거식증이 체중을 감량해주었기에 도움이 되었다고 믿거나, 자기 자신을 벌하고 싶었기에 베는 행동이 효과가 있었다고 여길 수도 있다. 그러나, 이러한 행동의 생리적 결과는 그러한 믿음을 뒷받침하지 못한다. 음식 섭취의 제한과 자해는 몸 상태에서의 긍정적인 변화와 무감각함을 유발하기 때문에 효과가 있었던 것이며, 이는 우리가 호기심을 기울여보아야 할 부분이기도 하다. 그 과정에서, 비록 이러한 시도가 전적으로 성공적이지도 않았으며 심지어는 좋은 결과를 보지 못했다고 할지라도, 당신이 선택한 모든 행동들이 이와 같이 당신 안의 강력한 힘을 통제하기 위한 시도였음을 타당하게 여기는 것이 중요하다. 그 이후에는, 맨정신과 안정감을 안전하게 받아들이기 위해 — 인내의 창을 넓히는 데 필요한 기술 및 내적 자원 습득과 같은 — 새로운 기술과 통제감을 배워야만 한다.

회복력을 지닌 인내의 창을 개발하고 확장시키는 것과 "잘못된" 인내의 창을 만들어내는 것 사이의 차이점은 자기-파괴적이고 중독적인 행동이 주는 즉각적인 위안이다. 자해나 중독적 행동이 없는 인내의 창을 확장시키려면 연습이 필요하다 — 이는 결코 금방 이루어지지 않는다! 한편, 대개 이러한 문제들이 가족이나 치료 장면에서의 염려를 살 때쯤이면 즉각적인 안도감마저도 이미 사라져버린 지 오래인 상태가 된다. 증상과 감정을 조절하기 위한 이러한 방법을 처음 발견했을 때에는 즉각적인 안도감을 얻었을 수 있다. 하지만 계속해서 자신을 베고, 무언가를 제한하고, 술을 마시고, 혹은 자살을 시도하다 보면, 중독이 진행되어가면서 안도감을 얻는 것이 점차 더 어려워진다. 더욱 문제가 되는 것은, 자기-파괴적이고, 중독적이고, 섭식 장애적인 행동들은 갈수록 위험해진다는 점이다.

절제/재발의 순환

트라우마 생존자들이 삶의 각 순간에서 중독 또는 자기-파괴적 행동이 기여한 바에 대해 충분히 파악했다면, 다음으로 알아가야 할 중요한 안건은 절제/재발의 순환이다(Fisher, 1999). [그림 5-1]에서 볼 수 있는 것처럼, 트라우마의 맥락 내에서 맨정신으로 있거나 절제를 해보려고 하는 것은 완전히 새로운 위기와 증상들을 불러일으킬 수 있는데, 이제 개인에게는 물질 사용, 섭식 장애적 행동, 자살 또는 자해를 통해 생성된 신경화학적 방어벽과 잘못된 인내의 창이 없기 때문

그림 5-1   절제/재발 순환

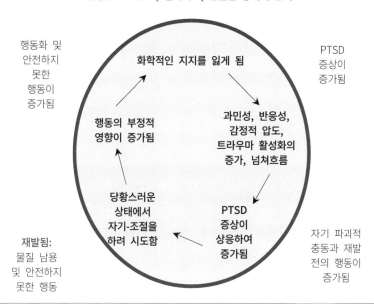

안전하지 못한 행동에 몰두하는 것을 멈추면
무슨 일이 일어나는가?

맨정신으로 있고, 절제하고, 안전한 상태에 있기

행동화 및
안전하지
못한
행동이
증가됨

화학적인 지지를 잃게 됨

PTSD
증상이
증가됨

행동의 부정적
영향이 증가됨

과민성, 반응성,
감정적 압도,
트라우마 활성화의
증가, 넘쳐흐름

당황스러운
상태에서
자기-조절을
하려 시도함

PTSD
증상이
상응하여
증가됨

재발됨:
물질 남용
및 안전하지
못한 행동

자기 파괴적
충동과 재발
전의 행동이
증가됨

이다. 대부분의 트라우마 생존자들에게 매우 일찍, 그리고 반복적으로 일어나게 되는 일은, 이들이 안전해지려고 할 때마다 몇 주, 몇 달, 심지어는 며칠 내로 PTSD 증상이 악화되며 더욱 침습적이고 강렬해지는 경향이 나타난다는 것이다.

증상이 악화되는 것이 눈으로 보이는 방식으로 나타난다면, 비교적 나을 수도 있다. 일부 생존자들은 자신의 트라우마 경험을 입증하는 플래시백과 악몽을 경험하기도 하지만, 최근 들어 안전해졌거나 맨정신으로 돌아온 개인의 경우에는 과민하고, 불안하고, 반응적이고, 취약해지는 느낌을 압도적으로 일으키는 암묵적 기억의 홍수를 더 흔히 경험한다. 자신이 왜 이러한 것들을 겪게 되는지에 대해 모르기 때문에(그리고 다른 사람들로부터 들었던 것처럼 나아지지 않는다는 것에 실망하고 좌절하면서), 중독적인 갈망과 자기-파괴적 충동이 증가하게 된다 ─ 이 역시 언제나 알아보기 쉬운 방식으로 나타나지는 않는다. 어떤 이들은 술을 마시거나 자기 자신을 다치게 할 수 있을 분노나 권리가 있는 것처럼 느낄 수 있고, 다른 이들은 이러한 느낌을 멈추게 하기 위해서 무언가를, 무엇이든 해야 한다는 절박한 필요성을 경험할 수도 있다. 재발(자해, 섭식장애 또는 중독)은 흔히 압도적인 흐름을 막기 위한 절박한 행동으로써 발생한다. 한 트라우마 생존자는 자신이 겪고 있는 절박함의 정도를 내게 설명하기 위해 다음과 같이 말하기도 했다. "왜 치료자들은 저한테 제 느낌과 함께 머물러보라고만 해요? 그 사람들은 이해를 못 하고 있는 거예요. 저한텐 느낌이 있는 게 아니라, 쓰나미가 몰려오고 있는 거라고요!"

> 당신이 이러한 딜레마에 빠져있다면, 워크시트 11: 당신의 절제/재발 순환을 추적해보기가 도움이 될 것이다. 수치심과 자기-비난으로 향하는 것을 피하면서, 그 대신에 당신이 최선의 노력을 기했음에도 불구하고 압도적이거나 괴로운 느낌을 멈추려고 하는 충동이 어떻게 해서 덜 건강한 대처 방식으로 당신을 데리고 가는지에 대한 호기심을 가져보라.

이 절제/재발 순환 도표를 통해, 대개 자신이 이 순환의 어디에 위치해 있는지를 쉽게 확인할 수 있다. "나는 확실히 압도되고 과민해져 있어. 그러니 'PTSD 증상이 증가됨' 단계에 와 있는 것 같네 – 그리고 곧 면도날을 사게 되겠지…. 솔깃하지만 좋은 생각은 아닐 수 있어." 또는 "모든 사람들과 모든 것들이 더 원망스럽고 부담스러워지기 시작했어. 참고 견뎠으니 한잔할 만한 것 같아." 또는 "내 몸이 뚱뚱해서 견딜 수가 없어 – 난 거의 집채만 해 – 사람들이 먹으라고 하는 이 모든 음식들을 계속 먹을 수는 없어." 당신이 그 순간 순환의 어느 위치에 있든지 간에, 당신은 이다음에는 어떤 일이 일어날지를 알려주는 신호를 추적하는 방법을 배울 수 있다.

당신이 안전해지거나, 맨정신으로 있거나, 절제를 하게 되면, 트라우마–관련 반응이 증가될 것임을 미리 예측하는 것이 중요하다. 약물, 섭식 장애, 자해를 통해 얻는 신경화학적 완충제가 없는 상태에서는, 촉발되는 것에 더욱 취약해지고, 더욱 반응적이고 감정적으로 되는 자신을 발견하게 될 것이다. 트라우마의 증상은 회복을 까다롭게 만드는데, 트라우마-관련 촉발요인이 자해, 음식 섭취의 제한, 폭식과 구토, 약물 사용에 대한 충동을 매우 빠르게 재활성화시키는 경향이 있기 때문이다. 예를 들면, 많은 트라우마 생존자들은 촉발요인들을 직장에서 만난다. 권위적 인물, 독단적인 규칙과 규정, 더욱더 많은 것을 해내야 한다는 압박, 긴 근무 시간에 비해 낮은 수준의 급여, 그리고 경쟁적인 동료 등이 있다. 비판적인 상사에 의해 촉발되는 것은 중독적이거나 자기-파괴적인 충동의 촉발로 빠르게 이어질 수 있다. 그리고 촉발된 채로, 당신은 점심 식사를 건너뛰어 무감각한 상태를 유도하려 할 수 있다(일을 해야 한다거나 다른 사람들 눈에 띄고 싶지 않다고 합리화하며). 아니면 분노나 불안을 다스리기 위해 퇴근 후 남자들과 술을 마시러 나가고 싶은 유혹에 굴복할지도 모른다.

> 그러는 동안, 당신은 워크시트 12: 순환을 깨뜨리기를 사용해 삶에서의 이러한 패턴을 더 잘 인식하고, 이를 중단하고 변화시킬 새로운 대안들을 연습해 볼 수도 있다.

대부분의 중독 및 정신의학적 회복 모델을 이끄는 핵심적인 원칙은, 도움을 요청하는 법을 배우는 것이다. 하지만 타인에게 의지하는 것은 대부분의 트라우마 생존자들을 매우 촉발시키는데, 방치하고 학대하는 세상 안에서 취약해진다는 것은 매우 위험한 일이었기 때문이다. 심지어 알코올 중독자 모임이나 이외의 12단계 프로그램들마저도 지나치게 촉발적인 나머지, 회피나 재발에 대한 충동을 유발할 수 있다. 트라우마 치료자는 당신과의 작업에서 도움을 요청하는 법을 배우게 함으로써 자극된 촉발 반응을 관리할 수 있게 도우며, 인내의 창을 확장시키도록 조력할 수 있다. 그러나 이보다도 더욱 좋은 일은, 가장 빠르고 손쉽게 접근할 수 있는 도움의 근원을 당신의 뇌 안에서 찾아낼 수 있다는 것이다!

"알아차리는 뇌"로부터 도움받기

생각하기와 알아차리기는 세상과 연결되는 서로 매우 다른 방법이다. 우리는 "이 프로젝트를 오늘 내로 꼭 끝내야겠어"라는 생각이 만들어지기 이전에 우리의 몸이 먼저 피곤함과 버거움을 느끼고 있었다는 걸 알아차리지 못할 수 있다. "그러지 말 걸 ─ 내가 말 같지도 않은 소리를 했네." 하고 생각할 수도 있다. 자기-비난이 수치심과 그 일을 외면하려고 하는 충동을 일으키고 있음을 눈치채지 못한 채 말이다. 우리가 어제 있었던 일이나 내일 일어날지도 모를 일에 대한 불안감에 너무 몰두한 나머지, 우리의 감각이 긍정적인 것(꽃, 태양, 강아지, 누군가의 미소)을 인식하지 못할 수도 있다. 과거를 시간의 흐름에 따라 상세하게 기억하거나 아직 다가오지 않은 미래를 상상하는 인간의 정신적 능력은 축복이자 저주이다. 우리의 생각하는 뇌는 과거를 걱정하거나 미래를 두려워하며 몇 주에서 몇 달을 보낼 수 있으며 ─ 이는 삶에서의 안전하거나 만족스러운 순간적 경험들로부터 우리를 떨어뜨려 놓는다.

뇌의 좌반구는 논리적으로 생각하는 것과 언어적으로 생각하는 것을 맡고 있다. 우반구는 직관적이며, 비언어적으로 반응한다. 이 두 가지 기능은 모두 중요하다. 우리는 생각하고 계획하며, 경험으로부터 배우고, 원인과 결과를 연결하고, 미래에 대처하는 방법을 예측할 수 있어야 한다. 그리고 논리가 충분하지 않을 경우에는 우리의 본능적인 반응과 직관을 느낄 수 있어야 한다. 트라우마는 이 둘 모두를 방해한다. 생각하는 뇌를 억제하며, 우리가 자기 자신의 직관적인 반응을 두려워하고 의심하게 만든다.

알아차린다는 것은 매우 다른 종류의 뇌 기능이다. 이는 지금 이 순간을 인식하는 활동이다. 과거는 이미 일어났던 일이기 때문에 우리가 알아차릴 수 없고, 미래는 아직 일어나지 않았기 때문에 우리가 알아차릴 수 없다. 우리가 알아차릴 수 있는 것은 지금 이 순간에, 과거 또는 미래와 관련된 생각에 대한 자기 자신의 반응이다. 하지만 의식적으로 알아차리는 데에는 내측 전전두엽 피질이 필요한데, 이는 이전 장에서 설명했던 뇌의 부분으로, 당신의 이마 중앙 바로 뒤쪽에 위치하고 있다. 뇌 스캔 기술을 통해 보면, 내측 전전두엽 피질이 뇌의 좌측 및 우측 모두와 연관되어 있으며, 감정, 본능적 반응, 충동과 관련된 하위 단계들과도 연관되어 있음이 나타나고 있다. 그리고 더욱 중요한 부분으로, 연구자들에 의해 개인이 명상을 할 때면 내측 전전두엽 피질에서의 활동이 증가되며, 이와 함께 편도체에서의 활동은 감소된다는 것이 밝혀진 바 있다. 당신은 앞서 다뤘던 편도체의 두 가지 목표를 기억하고 있을지도 모른다. 이는 위협을 감지하고, 감정적 기억을 저장하는 것이었다. 편도체가 더 자극될수록, 우리는 더욱 긴장하고 경계하게 될 것이다. 또한, 활성화된 편도체는 촉발요인에 대한 민감도를 증가시키며 충동적인 욕구를 자극한다. 아울러 우리는 트라우마와 관련된 감정적, 신체적 기억이 흘러넘치는 것을 더욱더 강화된 양상으로 경험하게 될 가능성이 높다. 흘러넘치는 상태가 되면, 우리는 이유도 모르는 채로 갑작스러운 불안, 무망감, 두려움, 또는 슬픔에 압도될 수 있다 − 이는 한 번에 몇 시간에서 며칠째 이어질 수 있다. 편도체가 진정되면, 우리의 신경계가 더 잘 조절되며, 우리가 스트레스와 감정들을 보다 쉽게 견딜 수 있게 된다. 편도체가 덜 자극받으며 인내의 창이 확장되면 이러한 흘러넘침은 줄어들게 된다.

[그림 5−2]에 있는 도표는 전두엽 피질의 다양한 영역들이 어떻게 우리가 종일 기능하도록 도와주는지를 보여준다. 작업기능은 좌뇌의 기능이며, 장기 기억(사실 및 이외의 언어적 정보에 대한 기억)과 자전적 기억(삶에서 있었던 일들에 대한 기억) 등의 능력들도 마찬가지이다. 좌뇌의 작업기억 영역은 우리가 새로운 정보를 마음에 붙들고 있으면서 그것을 관련된 다른 생각이나, 단어, 경험과 연결시킬 수 있게 해준다. 우리가 자기 자신에게 "내가 어떻게 해야 하지?"라고 물을 때면, 우리의 작업기억 중추는 모든 장단점을 따져보게 하고, 이전에 내렸던 비슷한 결정들에 대한 정보를 고려해보게 하며, 심지어는 과거의 경험을 바탕으로 하여 결과를 예상해보도록 한다. 통찰하는 능력은 전화번호나 마지막으로 자동차

그림 5-2　마음챙김의 뇌로부터 도움받기

생각하는 뇌로서만이 아니라,
알아차리는 뇌로서 활용해보기

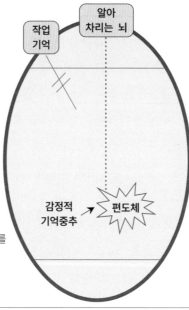

뇌의 작업기억 부분은
우리가 이야기를 하고,
통찰력을 갖고, 문제를
해결하고, 결론을
도출해내는 데 도움을
준다. 하지만 편도체와는
직접적인 연관성이 없기
때문에, 트라우마 기억을
해결할 수는 없다.

알아차리는 뇌는 사고,
감정, 그리고 감각에 대한
자각을 담당한다. 이는
판단적인 방식이 아니라
호기심 어린 방식으로
관찰하는 것이다. 그리고
편도체와 직접적으로
연결되어 있기 때문에,
알아차리는 뇌의 활성화는
몸을 진정시키고 안전에
대한 신체적 감각을
회복시킨다.

파충류의 뇌는 변연계
활성화에서의 변화에
반응한다. 편도체가 경고를
멈추면, 파충류의 뇌는
고요하고 평화로워진다.

Copyright 2009 Janina Fisher, PhD

키를 두었던 장소를 기억하는 능력과 마찬가지로 뇌의 작업기억 영역이 제공해 주는 또 다른 능력이다. 이러한 구조들이 편도체와 직접적으로 관련되어 있지는 않기 때문에, 통찰하는 능력이 외상화된 편도체의 활동을 감소시켜주지는 않는다. 이따금, 통찰을 통해 스스로에게 연민을 갖거나 위로를 얻고, 우리가 미치거나 문제가 있는 게 아니라는 걸 확인하여 진정에 도움이 될 수는 있지만, 이것이 트라우마 반응을 감소시키지는 않는다.

> 워크시트 13: 작업기억은 우리의 기억을 어떻게 해석하는가는 당신의 부정적 사고와 해석, 그리고 느낌 및 충동 간의 관계를 알아보는 데 도움이 될 것이다. 당신이 주로 하는 해석과 판단은 어떤 것들인가? 그리고 그것들 각각은 당신의 느낌과 몸 상태에 어떤 영향을 미치는가?

하지만, 알아차리는 뇌 또는 내측 전전두엽 피질은 편도체와 직접적으로 연결되어 있기 때문에, 우리가 설명하려고 하기보다는 마음챙김하고 알아차리고자 할 때 진정 효과가 촉진된다. 트라우마 생존자들의 경우, 내측 전전두엽 피질 활동을 증가시키는 데 자유 명상[2]이 항상 도움이 되는 것은 아니다. 내적 자각은 때로 매우 촉발적일 수 있으므로, 아주 분명한 것을 알아차리는 것에서부터 알아차리는 뇌를 활용해보는 것이 더 도움이 된다. 예를 들어, 불안한 느낌이 올라올 때, 이를 단순하게 불안감이나, 신체 감각(심박의 증가 또는 가슴이나 배의 조임), "그저 촉발되는 것"이라고 알아차리는 것은 대개 불안을 조절하는 데 도움이 된다. 수치심이 촉발되는 경우에는, 수치심의 신체적 감각을 비롯하여 이와 함께 일어나는 생각들을 개별적인 구성요소로서 알아차리는 것을 기억해두면 대개 진정하고 조절하는 데 도움이 된다. 마음챙김적인 알아차림에서는, 그러한 느낌이 흘러넘치지 않는다 ─ 우리는 약간의 거리를 둔 채로, 심지어는 어느 정도의 관심과 호기심 어린 태도로 그것을 알아차리게 된다.

여기에는 느낌에 대한 판단을 내리거나 비난하는 방식으로 반응하기보다는 느낌을 알아차려 보는 연습이 필요하다. 우리들 대부분은 느낌을 갖자마자 이에 대해 해석하려 든다. 당혹스러움을 느끼면 이를 뭔가 바보같이 굴었다는 신호로서 해석할 수도 있다. 슬픔을 느끼면, 이를 약함이나, 우리가 얼마나 많은 것을 잃어버렸는지에 대한, 혹은 우리가 얼마나 끔찍한 대우를 받았었는지를 보여주는 신호로서 해석하기도 한다. 이러한 해석이 우리의 기분을 나아지게 하는 경우는 거의 없다!

수치심, 슬픔, 불안, 분노를 판단이나 해석 없이 알아차리는 것은 매우 다른 효과를 낳는다. 슬픔을 알아차린다는 것은 목이 메는 느낌, 눈가의 축축함이나 눈물, 가슴에서의 감정적 통증에 주의를 기울여보는 것을 의미한다. 통증을 유발

---

2) free─floating meditation.

했던 모든 경험들을 떠올리는 것보다는 그 통증의 감각을 알아차려볼 때, 약간의 진정 효과를 얻을 수 있다. 그리고 눈물에 대해 나약함이라고 해석하는 대신에 이를 알아차려본다면, 억누르려고 할 때보다 훨씬 쉽게 가라앉을 것이다. 우리가 느낌을 그저 느낌으로, 생각을 그저 생각으로 알아차리면, 이는 일반적으로 덜 압도적이 된다.

마음챙김에서, 명상가들은 관심을 가지면서도 "애착이나 혐오 없이" 관찰하도록 배운다. 이러한 용어들은 우리가 특정한 생각 및 느낌만을 받아들이고 이외의 것들은 멀리하거나 거부하려고 하는 등의 매우 인간적인 태도에 대해 말해준다. 우리는 "네 의견은 중요하지 않아."라는 말에는 동의하면서 "내가 생각하거나 느끼는 건 뭐든지 간에 중요해."라는 생각은 지나치게 거만하거나 자기도취적이라고 여기며 거부할 수도 있다. 마음챙김적 알아차림은 우리가 이와 같은 각각의 생각들을 동등한 호기심을 지니고 인식해보도록 가르친다. "내가 입을 다물어야겠다는 생각을 하고 있네 – 어찌 됐건 내 의견은 중요하지 않다고 – 그리고 이제는 모두의 의견이 중요하다는 또 다른 생각을 하고 있어." 알아차리는 뇌를 통해 보면, "내 의견은 중요하지 않아."라는 생각이 있기 이전에 어깨가 가라앉고 한숨이 났으며, 그러고 나서 무거운 느낌과 패배감이 있었음을 관찰하게 될 수 있다. 또 "나의 느낌과 의견은 중요해."라는 생각에는 자연스럽게 똑바로 앉아 머리를 높이 들고 있는 것이나 자신감과 든든한 느낌이 동반된다는 걸 알아차리게 될 수 있다. 알아차리는 뇌는 그 어떤 생각에도 판단을 내리지 않는다 – 그저 부정적인 생각은 좀 더 익숙하게 느껴지고 긍정적인 생각은 낯설거나 심지어는 불편하게 느껴진다는 것을 알아차릴 뿐이다. 이를 무엇이 우리가 느끼는 무거움을 가볍게 하거나 기분이 나아지게 해주는지를 알아차리는 데 활용해 볼 수도 있다.

알아차리는 뇌를 사용해 습관적 패턴을 바꾸어보기

내측 전전두엽 피질의 활성화가 편도체의 활동을 줄이면 신경계가 진정되고 조절되기 때문에, 알아차리는 뇌는 중독이나 안전하지 않은 행동과의 투쟁에서 판도를 바꾸어놓게 된다. 이는 우리가 판단이나 수치심 없이 강박적 충동에 대해 알아볼 수 있게 돕는다. 우리가 안전하지 않은 충동에 따라 행동할 때 무슨 일이 일어나는지를 알아차리는 것 또한 절제/재발의 순환을 막는 데 매우 중요한 요소이다. 더불어, 재발에 대한 애착이나 혐오 없이, 그것의 부정적인 결과를 알아차리는 것 역시 안전하지 않은 행동 및 중독적 패턴을 안정시키는 데 도움이 된다.

당신이 당신의 생각 및 느낌들을 알아차렸을 때 일어나는 일과 이를 분석하고 판단했을 때 일어나는 일 사이의 차이점을 알아보기 위해 워크시트 14: 알아차리는 뇌로부터 도움받기를 사용해보라. 어떤 충동을 판단하거나 통제하려고 하지 않고 알아차려보려고 하는 것이 그것에 따라 행동하는 것을 좀 더 쉽게 피할 수 있게 해주는가? 알아차려보는 것이 강렬한 감정을 좀 더 견디기 쉽게 만들어주는가?

중요한 것은 당신의 생각, 느낌, 그리고 충동을 당신이 얼마나 예전처럼 행동하고 있는지를 보여주는 신호로서가 아니라, 신경계가 어떻게 움직이고 있는지를 알려주는 신호로서 알아차리는 능력을 키우는 것이다. 당신은 활성화되었나, 혹은 멈추어버렸나? 압도되거나 무감각해졌나? 혹은 당신의 인내의 창이 당신이 느끼는 모든 것들을 견딜 수 있을 만큼 충분히 넓은가? 생각, 느낌, 충동은 절제/재발 순환에서의 당신의 위치에 대해 무엇을 말해주는가?

목표는 당신의 신경계를 조절하여 당신이 순간순간의 느낌과 생각들을 견딜 수 있게 만드는 것임을 기억해두라. 모든 인간은 자기 삶에서의 어느 시점에서 불쾌하고, 압도적인 감정과 충동을 경험하게 되기에, 우리 모두 이러한 기복을 견뎌낼 만한 능력이 필요하다. 신체 반응과 느낌의 기억은 일상적으로 매우 쉽게 촉발되며 현재의 감각을 훼방 놓기 때문에, 트라우마는 이러한 문제를 더욱 해결하기 어렵게 만든다. 섭식 장애, 자해, 또는 자살 사고 및 이와 관련된 느낌들이 촉발된 반응을 관리하기 위한 방법이 되어왔을 수는 있지만, 당신은 이제 이러한 것들이 더 이상 충분한 도움이 되지 않거나 오히려 새로운 어려움과 위험을 일으키고 있기 때문에 이 장을 읽고 있다.

어떤 치료적 접근이나, 기술, 개입도 느낌을 그냥 사라져버리게 만들 수는 없으며, 섭식 장애, 중독, 자기 파괴적 행동마저도 결국에는 기존의 즉각적인 효과를 거두지 못하게 된다. 우리들에게 남겨진 것은 "10% 해결책"이다. 이는 우리가 무언가를 하는 동안 그 시간의 5%, 10%, 또는 15%, 혹은 몇 분 정도의 도움이 되는 것들이다. 건강한 대처기술의 대부분이 10% 해결책이다. 잠시 심호흡하기, 기분이 나아지는 것에 집중하기, 독서 또는 TV 시청, 워크시트 작성해보기, 산책, 뜨개질, 코바늘 뜨개질, 십자말풀이 퍼즐, 정원 가꾸기, 뜨거운 물에 목욕하기, 평온을 비는 기도 암송하기, 반려동물이나 아이들과 놀기. 심리치료 역시 10% 해결책이며, 대부분의 정신과 약물치료 및 대처기술들도 마찬가지다. 즉각적이고 완전히 효과적인 대처 습관은 거의 없다. 좋지 못한 순간에 기분을 나아지게 만들기 위해서는, 약간의 안도감을 느낄 수 있을 때까지 5개나 10개 정도의 다양한 해결책들을 사용해보아야 할 수도 있다.

워크시트 15: 10% 해결책을 활용하여 당신에게 5% 또는 10%의 안도감을 가져다주는 목록을 계속해서 만들어보라. 패턴이 보이기 시작할 것이다. 예를 들면, 당신이 손으로 작업하는 신체 활동이나, 많이 생각할 필요 없이 집중할 수 있는 활동(퍼즐 맞추기나 뜨개질처럼), 다른 사람들 또는 동물들과 접촉하는 활동들로부터 10%의 해결책을 얻고 있음을 깨닫게 될 수 있다. 자신에게 잘 맞는 것처럼 보이는 분야의 더 많은 해결책들을 꾸려볼 수도 있고, 당신이 해결책으로 쓰기 위해 배웠던 기술들을 모아볼 수도 있다. 그리고 힘겨운 날에 이 워크시트를 지니고 있으면, 자기 자신에게 그날을 헤쳐나갈 수 있게 만드는 것들을 상기시켜줄 수 있다 - 한 번에 10%씩 말이다.

이상적인 세상이라면, 당신은 당신을 안심시켜주고 달래주었으면 하는 욕구를, 당신의 고통을 알아주고 당신의 기분이 나아지면 안도하는 부모님이 충족시켜주는 안전하고 지지적인 환경에서 자랐을 것이다. 당신의 신경계는 기복이 있을 때 회복하는 방법에 대해 배웠을 것이며, 당신의 "감정적 근육"은 보다 튼튼하게 자랄 기회를 얻었을 것이다. 하지만, 다음 장에서 보게 될 트라우마 환경에서는, 아이들로부터 회복력 있는 신경계와 넓고 유연한 인내의 창을 발달시키기 위해 필요한 것들을 빼앗아, 트라우마와 관련된 느낌 및 몸의 기억을 더욱 조절하거나 견디기 힘들게 만든다. 속상한 점은, 트라우마로부터 회복하는 데에서의 매우 불공평한 측면인데, 이제 당신이 한 명의 어른으로서, 당신이 작은 아이였을 때 키워지고 가르쳐졌어야 했을 능력을 발달시키기 위해 아주 열심히 임해야 한다는 사실이다. 이렇듯 억울하기는 하지만, 계속해서 무감각해지거나, 압도되고, 끊임없이 두려워하고, 분노하고, 수치심을 느끼는 것은 더욱 부당하다. 10% 해결책을 연습하면서 당신의 감정 근육을 다루어보면 트라우마 이후의 삶에 필요한 인내의 창을 만드는 데 도움을 얻을 수 있을 것이다.

다음 장에서는 당신이 트라우마 애착과 그것의 "살아있는 유산"에 대해 더 잘 이해할 수 있도록 도울 것이다.

WORKSHEET 11   당신의 절제/재발 순환을 추적해보기

순환에서의 각 단계에서 당신이 알아차린 것들을 적어보세요. 처음으로 맨정신이 되거나 안전하지 않은 행동을 자제하려 했을 때에는 어떤 느낌이 들었나요? 그리고, 당신의 PTSD 증상이 악화되고 있다는 신호는 무엇인가요? 안전하지 못한 충동이 다시 일어나고 있다는 걸 무엇이 알려주나요? 재발은 보통 어떤 식으로 일어나나요? 그 다음에는 어떻게 되나요? 자기 자신에 대한 판단을 내리지는 마세요! 당신을 여러 번 몰고 갔던 순환 자체에 호기심과 관심을 가져보세요.

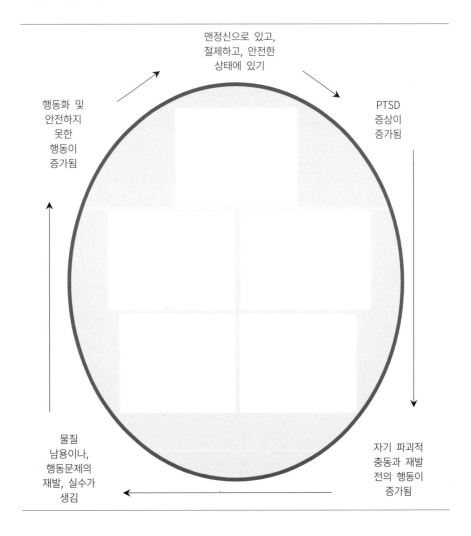

WORKSHEET 12　순환을 깨뜨리기

뇌와 몸은 스트레스 상황에서 오래된 패턴을 따라가는 경향이 있기 때문에, 당신은 보다 건강한 대처 기술들을 새롭게 사용해보려고 할 때마다 이전과 똑같은 순환이 나타난다는 걸 알아차리게 될 것입니다. 트라우마와 관련된 패턴을 바꾸어보려고 할 때 알아차리게 된 것들을 적어보세요.

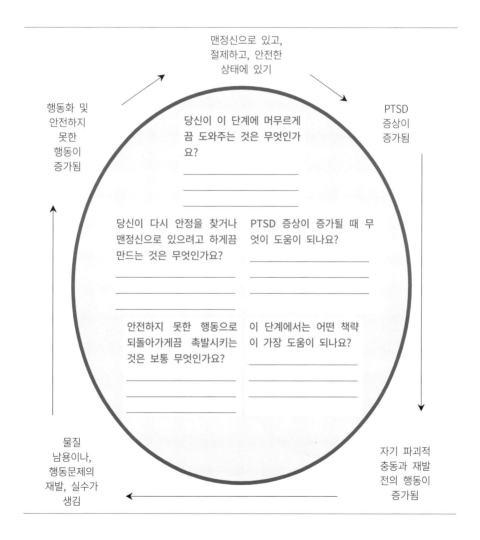

WORKSHEET 13   작업기억은 우리의 기억을 어떻게 해석하는가

당신이 괴로움을 느낄 때면 당신의 작업기억이 만들어내는 종류의 해석에 대해 적어보세요. 그리고 알아차려보세요. 느낌이 좋아지나요, 나빠지나요? 당신의 감각과 충동이 증가하나요, 아니면 줄어드나요?

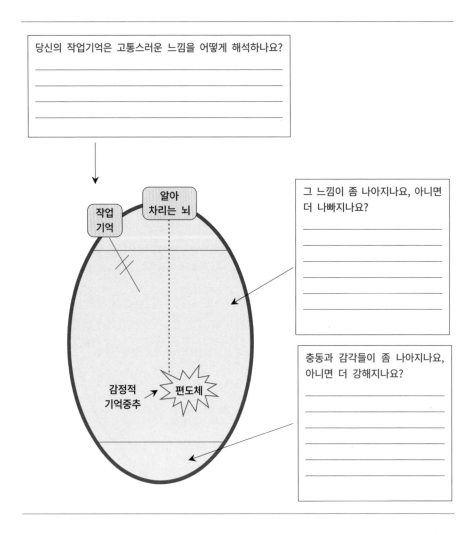

당신의 작업기억은 고통스러운 느낌을 어떻게 해석하나요?

알아
차리는 뇌

작업
기억

그 느낌이 좀 나아지나요, 아니면 더 나빠지나요?

감정적
기억중추

편도체

충동과 감각들이 좀 나아지나요, 아니면 더 강해지나요?

WORKSHEET 14 알아차리는 뇌로부터 도움받기

당신이 알아차리는 뇌를 사용하면 무엇이 달라지나요? 판단을 내리지 않으면서, 알아차리는 뇌를 사용해 자신의 느낌, 생각, 그리고 신체 감각을 관찰해보면 어떤 일이 일어나나요?

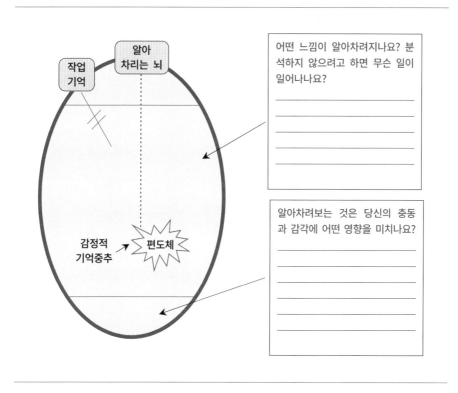

어떤 느낌이 알아차려지나요? 분석하지 않으려고 하면 무슨 일이 일어나나요?

_____
_____
_____
_____

알아차려보는 것은 당신의 충동과 감각에 어떤 영향을 미치나요?

_____
_____
_____
_____
_____
_____

WORKSHEET 15   10% 해결책

조금이라도 안도감이나 즐거움을 주거나, 부정적인 생각들을 떨쳐낼 수 있게 해주는 활동	몇 % 정도 도움이 되었나요?	어떤 종류의 느낌, 생각, 상황, 충동에 도움이 되었나요?

트라우마와 애착

다른 동물들과는 달리, 인간의 아기는 매우 미성숙한 뇌와 몸을 가지고 생애를 시작하며, 때로는 일정한 심장박동과 호흡을 유지하기 위해 고군분투한다. 신경계가 충분히 발달되지 않은 상태에 있기 때문에, 양육자의 끊임없는 돌봄 없이는 먹고, 자고, 자세를 바꾸고, 감정적·신체적 상태를 조절하기 어렵다. 이와 같은 발달단계에서, 이상적으로는, 애정 어리고 적절하게 대응하는 부모가 아이들을 신체적으로 편안하게 해주고 음식을 먹여주는 것 이상의 일을 한다. 이들은 아이들이 고통에서 회복하게 돕고, 긍정적인 느낌을 누리기 위한 능력을 확장시켜주며, 자신의 신체적·대인관계적 욕구를 주고받는 방법에 대해 가르친다. 좋은 애착은 타인으로부터 위로를 받아도 된다는 것과, 사랑하는 사람이 곁에 없을 때에는 스스로를 위로해주어도 된다는 걸 가르쳐준다. 심지어는 아이들이 새로운 정보를 습득하고, 문제를 해결하고, 언어로 의사소통을 하는 능력조차도 부모와의 애착의 질에 달려있다.

생애 초기의 애착은 단 하나의 사건을 통해 이루어지는 것이 아니며, 특정한 일련 사건들에 의해 일어나는 것도 아니다. 이는 수백 번의 신체적, 그리고 감정적 경험의 결과이다. 여기에는 안아주기, 흔들어주기, 먹여주기, 쓰다듬어주기, 위로해주기, 그리고 양육자로부터의 애정 어린 시선을 경험하는 것 등이 포함된다. 다정한 부모들은 단어로 말하기보다는 옹알이나, 목소리에서 리듬이 느껴지는 애정표현들을 사용해 유아와 소통하곤 한다. 어린아이들은 따뜻한 눈빛, 미소, 즐거움을 받아들이며, 자기 자신이 지닌 소리와 미소로 이에 반응한다. 그리니 이와 마찬가지로, 이들은 양육자의 신체직인 긴장, 냉담한 표정, 거친 행동, 그리고 짜증난 목소리를 쉽게 받아들인다. 이들의 신경계는 아직 미성숙하여 밝은 빛, 큰 소리, 신체적인 불편감에 의해 큰 영향을 받게 되며, 따라서 갑작스러운 움직임과, 강렬한 감정적 반응, 큰 목소리, 그리고 분노 또는 불안감은 아이들을 놀라게 만든다.

이제 워크시트 16: 밀착감과 거리감에 대한 당신의 반응을 알아차리기를 사용하여 가까이 있는 것과 거리를 두는 것에 대한 자기 자신의 반응을 알아차려보자. 당신이 어렸을 적에 밀착감과 거리감에 대해 배웠던 핵심적인 내용들을 적어보아라. 여기에는 "너무 친근하게 굴지 말아야 했다.", "엄마는 내가 거리를 두는 것을 견딜 수 없어 했다.", "나는 눈에 보이는 거리에 있어야 했지만 소란을 피워서는 안 됐다.", "우리는 자주 혼이 났다.", 또는 "나의 부모님은 누구와도 가까워지고 싶어 하지 않았으며, 자기 자녀에게도 마찬가지였다." 등이 있다. 그리고 나서는, 당신의 대인관계에서 당신이 알아차리게 된 핵심적인 내용들을 적어보라. 당신은 가까이 있는 것을 편안하게 느끼는가? 누구와는 가까이 있는 것을 편안하게 느끼는가? (어떤 이들은 자기 자녀와는 가까이 있는 것을 편안하게 느끼지만 배우자와는 그렇지 않다 - 또는, 친구나 배우자와는 편안하게 있을 수 있지만 자신의 형제자매와는 그렇지 않기도 하다) 당신은 어떻게 거리를 두는가? 그것은 쉬운가, 아니면 어려운가?

우리가 애착을 기억하는 방법

우리의 부모가 안전감을 키워주었든, 우리를 겁주었든 간에, 어떤 아이도 애착 경험을 말이나 개인적인 사건으로 기억하지는 않는다. 3살까지는, 애착은 주로 비언어적인 몸의 기억의 형태로 기억된다: 감정적, 신체적, 자율신경계적, 촉감적, 시각적, 또는 청각적 기억들로 자리 잡으며 – 이는 단어를 포함하지 않는 기억들이다. 우리의 애착이나 관계 방식 역시도 우리가 어린 시절에 관계적 환경에 어떻게 적응했는지에 대한 기억이다. 우리가 애정 어리고 안전하게 안겨있었다면, 다른 사람들을 껴안거나 다른 사람들로부터 껴안길 때 편안함을 느낄 것이다. 그리고 우리가 무섭거나 폭력적인 방식으로 잡혀있었다면, 다른 사람들이 가까이 다가올 때 몸이 긴장될 수 있고, 심지어는 완전히 안전한 방식으로 닿았을 때조차도 긴장하거나 떠나려 할 수 있다. 밀착감이나 신체적 접촉은 엄청난 두려움을 촉발시킬 수도 있다. 우리가 달라붙어 있는 것을 좋아하든, 혹은 신체적 접촉을 덜 선호하든, 미소를 짓든, 아무 표정을 짓지 않든, 사람들로부터 눈을 피하든, 나 홀로 보내는 시간보다 함께 하는 시간을 좋아하든, 그 반대이든 간에, 우리의 관계적 습관은 매우 어린 시절에 형성된 것이다.

눈으로 하는 의사소통

아기들은 자신을 돌봐주는 사람의 눈을 찾으려 하는 본능을 가지고 태어난다. 이들은 자신을 바라보는 애착 대상을 찾을 때까지 두리번거리며, 눈이 마주치면 시선을 돌리지 않는다. 연구에 따르면, 유아들은 심지어 주변에 사람의 얼굴이나 바라볼 만한 눈길이 없는 상황에서는 사진에 있는 눈을 바라보려고 한다.

그런데, 아기의 양육자가 매서운 눈을 하고 있다면 어떻게 될까? 양육자가 아이들을 겁먹게 만든다면, 어떻게 될까?

대다수의 어른들은 아기들을 따뜻하고, 애정 어리고, 흥미로운 눈으로 바라보지만 – 부모가 약에 취해 고조되어 있거나 가라앉아 있다면? 애착 대상에게 정신 질환이 있으며, 머릿속의 어떤 목소리나, 이미지, 두려움에 사로잡혀 있는 상태라면? 하루 24시간 내내 아이를 돌봐야 한다는 분노가 부모의 눈에 반영된다면? 시선을 선천적으로 선호함에도 불구하고, 대부분의 아기들은 자신을 놀라게 하거나 불안하게 만드는 것들에 대해서는 똑같은 본능적 반응을 보인다. 이들은 눈을 감아버리고, 고개를 돌린다. 몇 해가 지나고, 배우자나, 사랑하는 사람, 심지어는 치료자의 눈을 바라볼 때면 여전히 두려움과 시선에 대한 회피가 나타날 수 있다.

이는 Cathy의 경험에서 잘 드러나 있다.

하루는 Cathy가 나에게 다음과 같이 말했다. "저는 제가 당신을 바라볼 수가 없다는 걸 알아차렸어요 — 이상하더라고요. 당신은 절 바라보고 있고, 저는 당신이 있는 쪽에서 눈을 돌리고 있었어요. 제가 당신을 좋아하지 않는다거나 믿지 않는다는 건 아닌 게, 저는 그러고 있거든요. 하지만 그냥 당신의 눈을 바라보는 게 힘든 거예요."

Kaitlin의 예시 또한 애착 트라우마가 어떻게 시선회피를 일으킬 수 있는지를 보여주고 있다.

Kaitlin은 우리가 대화를 나누는 동안 사무실 창밖을 내다보기 위해 계속해서 고개를 돌리곤 했다. 이러한 패턴에 대해 궁금해하던 중, 어느 날은 내가 이것을 말로 표현하였다. "저는 당신의 눈이 창문에 가 있다는 걸 알아차렸어요 — 우리가 대화를 나누는 동안에도요. — 그리고 저는 그것에 대해 궁금해지네요." 그녀는 나를 멍청하다는 듯이 쳐다보며 다음과 같이 말했다. "당연히 그래야죠. — 저건 그 사람들이 저를 잡으러 왔을 때 제가 뛰쳐나갈 창문이니까요."

이들의 눈맞춤 습관은 트라우마와 관련된 것으로, 나 또는 그들의 삶에서 있었던 누군가에 대한 개인적인 것이 아니다. Kaitlin은 항상 도주로를 찾아보고 있었고, Cathy는 우울한 어머니의 눈을 바라보며 자랐다. 그녀가 그토록 사랑했던 어머니는 늘 먼 곳을 바라보며 절망한 표정을 짓고 있었다. 몇 년이 지난 후에도, 여전히 이들의 뇌와 몸은 그때 무엇이 안전했는지, 그리고 무엇이 안전하지 않았는지를 기억하고 있었다.

밀착감과 거리감을 견디기

우리가 아주 어렸을 적에 애착 대상과 가까이 있는 것에서 안전감을 느끼고, 이후에 그들이 다른 방에 있거나, 일을 하러 갔거나, 다른 것에 몰두해 있을 때에도 안전감을 느끼는 것을 배우면, 타인과 가까이 있는 것을 견디는 능력을 비롯해 분리되어 있거나 연락이 되지 않는 상태를 견디는 능력이 확장된다. 우리는 접촉하는 것을 선호하는 성인이나 좀 더 거리를 두는 것을 선호하는 성인으로 성장하게 되는데, 필요시에는 양쪽 다 덜 견디려 할 수도 있다.

그림 6-1 트라우마가 관계에 대해 우리에게 가르쳐주는 것들

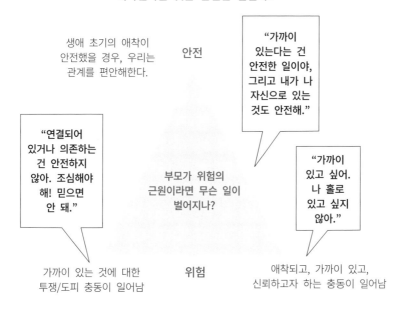

트라우마는 혼돈 애착[1]의 원인이 된다.
애착된다는 것은 안전한 일일까?

생애 초기의 애착이 안전했을 경우, 우리는 관계를 편안해한다.

안전

"가까이 있는다는 건 안전한 일이야, 그리고 내가 나 자신으로 있는 것도 안전해."

"연결되어 있거나 의존하는 건 안전하지 않아. 조심해야 해! 믿으면 안 돼."

부모가 위험의 근원이라면 무슨 일이 벌어지나?

"가까이 있고 싶어. 나 홀로 있고 싶지 않아."

가까이 있는 것에 대한 투쟁/도피 충동이 일어남

위험

애착되고, 가까이 있고, 신뢰하고자 하는 충동이 일어남

생애 초기의 애착이 위험했을 경우, 내적 투쟁이 일어나게 된다. 우리는 연결되는 것을 갈망하면서도, 이를 두려워하고 믿지 못한다. 내가 이것을 쫓아가야 할까? 아니면 이것으로부터 달아나야 할까?

---

1) disorganized attachment.

외상적인 환경 내에서 안전한 장소란 없다. 가까이 있는 것도 거의 안전하지 않고, 안전한 어른이 없을 때에는 아이가 보호받지 못하기 때문에 홀로 있는 것도 마찬가지다. 아이의 슬픔이나 분노는 대개 학대적이고 방임적인 부모의 폭발을 불러일으키기 때문에 감정을 드러내는 것 역시 거의 안전하지 못하다. 돌봄과 친밀감에 대한 평범한 욕구가 이용당할 수도 있기 때문에 욕구도 안전하지 않다. 안심시켜주는 말을 믿는 것도 안전하지 않으며, 학대적인 부모가 우리를 위로하도록 허락하는 것은 특히나 안전하지 않다. 학대적인 부모가 애정을 보이는 것도 안전하지 않고 ― 그들에 대한 사랑을 보여주는 것 역시 안전하지 않다. 외상적인 환경에서는 가까운 관계의 모든 단면들이 위험해질 수 있다. [그림 6-1]은 안전한 애착이 친밀감과 자율성의 능력을 키워주는 반면, 안전하지 못한 애착은 이 둘 모두가 위험할 수 있다는 감각을 만들어준다는 것을 보여주고 있다.

만약 학대하는 사람이 부모라면, 집은 안전하지 않으며, 안전한 장소라고는 오직 학교나 조부모의 집이 된다. 이러한 상황에서는 아이들이 가족과의 관계를 두려워하거나 피하는 것을 배우게 되며, 다른 사람들로부터 거리를 두는 것만이 안전하다고 느낀다. 마찬가지로, 아이가 가족 밖에서 위험을 마주했을 때(예로, 이웃이나, 보모, 교사, 코치, 친척들로부터 학대 또는 착취당하는 경우) 집과 애착 대상이 안전한 장소를 제공해주는 경험 역시 두려운 것이 된다. 이는 아이들에게 가까이 있는 것은 안전하나, 집에서 멀어지거나 다른 사람들과 어울리는 것은 안전하지 않다고 배우게 한다. 우리가 지니고 있는 이러한 습관과 반응들을 어떻게, 그리고 왜 가지게 되었는지에 대해 기억하기에는 우리가 너무 어린 시절에 있었던 일이기 때문에, 이러한 트라우마 애착 패턴이 성인기에 나타나는 경우 매우 혼란스럽게 느껴질 수 있다.

겁에 질린, 그리고 겁을 주는 양육

연구들은 가정 내 학대가 없는 경우에서도 아이들이 트라우마를 겪게 될 수 있음을 보여주고 있다. 겁에 질려 있거나 겁을 먹고 있는 것처럼 보이는 부모(불안하거나, 철수되어 있거나, 공포증이 있거나, 우울하거나, 멈춰버린 상태의)와 함께 있는 것은 어린아이에게 위험하다는 감각을 불러일으킨다. 겁에 질린 부모와 함께 하는 것은 두려운 일이지만, 겁을 주는 부모와 함께 있는 것 역시 무서운 일이다. 그리고 아이들의 경우, 두렵다고 느낄 때에는 애착 대상을 찾아보고 가까이 다가가는 게 자연스러운 생물학적 반응이기 때문에 이러한 것들이 더욱 혼란스럽고 고통스러울 수 있다. 즉, 겁을 주거나 겁을 먹고 있는 부모 가까이로 다가가는 것은 매한가지로 두려운 일인데, 몸에서는 그 두려운 무언가로부터 몸을 피하라는 반응이 자연스럽게 일어난다는 점이 문제가 된다.

트라우마를 입은 아이가 안전을 찾기 위해 다가가는 사람마저 피난처가 되기에는 위험할 경우, 이 아이는 말 그대로 진퇴양난에 빠지게 된다. 경보가 울렸을 때 애착 대상에게 가까이 매달리려 하는 본능은 동시에 뒤로 물러나려 하는 본능을 촉발시키는데, 그렇게 되면 물러서려는 본능이 다시 가까이 있으려는 본능을 촉발시키며, 이것이 또다시 뒤로 물러나려는 본능을 증가시키게 된다. 때로 아이들은 방임적이고 학대적인 부모에게 '투쟁' 반응을 보이며 적대적으로 밀어내고 싶은 충동을 경험한다. 부모가 겁을 먹거나 겁을 주려 할 때면, 매달리고 가까이 다가가려는 본능이 활성화되며, 다칠 수도 있을 만큼 가까워지게 되면, 투쟁-도피 본능이 일어난다.

겁을 주거나 겁에 질려있는 부모의 아이들은 상처받는 것에 대한 만성적인 두려움을 품고 있기 때문에, 안전하다고 느끼는 아이들이라면 상대적으로 잘 견뎌낼 수 있을 많은 것들에 대해 민감하게 반응한다. 크고 작은 거절, 오해받는 것, 안 된다는 말을 듣는 것, 실망하는 것, 공감받는 데 실패하는 것, 또는 "어딘가에 속하지 못한 채 밖에 서서 바라보기만 하고 있는 것"이 강렬한 감정적, 그리고 신체적 경보 반응을 촉발시킬 수 있다. 여기에는 두려움, 수치심, 고통감, 분노감 등이 있다. 가까운 관계일수록, 촉발된 반응들은 더욱 강렬해지며, 이러한 현상은 종종 교사, 양부모, 그리고 아이의 삶에 관여하는 다른 어른들로부터 오해를 받는다. 교사나 양부모는 점차 가까워지는 동안 신뢰도 증가할 것이라고 희망하지만, 정반대의 일들만이 일어날 뿐이다. 이러한 외상적 애착 패턴을 지닌 생존자들 중 다수는 아주 훌륭하고 안정적인 우정을 맺으면서도, 친밀한 파트너와의 관계에서는 촉발을 경험하곤 한다. 또 다른 생존자들은 공격적이지 않은 부모 및 형제자매와의 가족관계나 친구들과의 관계에서 촉발되기도 한다.

트라우마 생존자들은 자신에게 가장 친절한 사람들로부터는 달아나면서도 자신에게 거리를 두거나 심지어 학대적인 파트너들에게는 다가가는 자기 자신을 흔히 발견한다. 이들은 생애 초기의 외상적 애착의 기원에 대해서 이해하지 못한 채로, 이러한 패턴("나는 왜 항상 학대하는 남자를 선택하는 거지?")과 관련해 자신을 비난한다. 그러나 이러한 역동은 트라우마의 맥락 안에서 완벽하게 설명된다. 거리를 두거나 학대적인 파트너는 가까워지려는 본능을 촉발시키며, 동시에, 가까워지고 싶어 하는, 돌보아주는 안전한 파트너는 자동적으로 도망치거나 싸워야 한다는 충동을 촉발시킨다.

이러한 패턴이 당신에게 익숙하게 느껴진다면, 이러한 것들은 매우 자연스러운 트라우마-관련 반응이며, 당신이 잘못된 선택을 한 게 아니라고 자기 자신을 안심시켜주는 것이 중요하다. 이 패턴을 변화시키기 위해 당신이 할 수 있는 가장 중요한 것은 그것을 관찰하는 것이다. 호기심을 가져보라. 당신이 가까워지고 싶다는 강력한 욕구를 느끼는 때나 친밀감이 당신을 촉발시킬 때를 알아차려 보고, 다른 사람들과 거리를 두거나 밀어내고 싶다는 충동을 관찰해보며, 다른 사람들이 거리를 두려 하거나 자기 자신을 방어하려 하거나 화를 낼 때 당신 안에서 무엇이 촉발되는지를 인식해보라.

Annie의 부모님은 무섭고, 학대적이었다. 아버지는 겉으로는 매력적인 사람이었지만 성적인 학대를 가했고, 어머니는 신체적·정서적으로 학대했다. 게다가, 알코올 중독자였던 어머니는 종종 겁을 먹고 있는 것처럼 보였다. 소파에서 정신을 잃은 채로 반응이 없거나, 과민해진 상태로 초조해하거나, 때로는 격렬한 분노에 휩싸였다. Annie는 이와 같이 복잡하고도 안전하지 못한 환경에 적응해야 했으며, 동생들을 돌보고 자신이 할 수 있는 한 위험으로부터 보호해주어야 했다. 그녀가 "늘 사용하는" 패턴은 돌보아주기였다. 과민한 엄마를 진정시키고 그녀가 정신을 잃었을 때면 보살피며, 자신을 마음에 들어 하는 것처럼 보이는 유일한 어른이라는 이유로 교사의 마음을 사려고 하며, 동료들로부터 받아들여지기 위해 열심히 일했다. 하지만, 내적으로는, 다른 사람들 주변에 있을 때면 본능적으로 뒤로 물러나 분리되어 있으려 했다. 그녀는 부모로부터 숨는 법을 배웠다 - 옷장이나, 바깥의 자연이나, 책 속의 세계로.

성인이 되어서는, 자신이 다른 사람들의 욕구를 만족시켜야 한다는 압박을 받고 있는 것 같다고 생각하는 것 외에는 주변의 모든 사람들을 돌보려 하는 자신의 성향을 이해할 수 없었다. 그녀는 고립되려 하는 자신의 경향을 (특히 다른 사람들이 친구로서 다가오려 할 때) 착취당하지 않기 위한 방법일 거라고 생각하였고, 30년간 함께 한 남편이 감정적인 표현이 적다는 이유로 자신을 그다지 사랑하지 않는다고 여겼다. 사실, 그녀는 누구도 자신에게 관심을 갖지 않는다고 믿었으며, 이 때문에, 자신의 남편과, 아들들과, 친척들이 그녀를 얼마나 사랑하는지를 보여주는 모든 것들을 볼 수가 없었다. 그녀는 자신이 선택한 가족을 하나로 묶어주는 접착제가 자신이라는 것을 믿지 못했고, 그들이 자신을 찾으면 돌볼 사람이 필요하기 때문일 거라고 생각했다. 어린 시절의 경험으로부터 영향을 받은 이러한 관계 패턴에 갇힌 채로, 그녀는 외로워하고, 상처받고, 사랑받지 못하며, 사랑할 수도 없다고 느꼈다.

기억하라: 패턴은 항상 기억을 반영한다. 우리는 그 패턴을 어디선가 배운

것이고, 이것이 매우 익숙하게 느껴진다면, 우리는 그것을 어렸을 적에 배웠던 것이다. 패턴이 어디에서 왔는지를 파악하기 위해 자신을 압박하지는 말라. 단지 그것이 당신의 애착 대상이 지녔던 한계로 인해 필요했던 적응방식이었거나, Annie의 경우에서처럼 생존전략이었을 거라고 생각해보라.

> 워크시트 17: 외상적 애착 패턴을 사용해 당신의 관계 패턴에 대해 살펴보라. 당신이 이와 같은 반응을 보이는 사람들에 대한 생각과 감정으로 인해 혼란스러워하지 않도록 하라. 트라우마가 당신의 관계를 맺는 능력에 어떻게 영향을 미쳤는지에 호기심을 갖고 이러한 패턴을 인식하는 것이 더 중요하다. 당신의 투쟁-도피 반응은 좋은 사람에 의해 촉발되는가, 아니면 학대적인 사람에 의해서 촉발되는가? 사람들이 당신에게 잘 대해 주지 않을 때면, 당신은 도망을 가는가, 아니면 참고 견뎌보는가? 당신 혼자 있는 것이 두렵기 때문에 다른 사람들과 가까이 있어야만 한다고 느끼는가?

관계에서의 외상적 패턴 변화시키기

워크시트 17에서 자기 자신의 패턴들에 대해 살펴보았다면, 이제 당신은 무엇을 변화시키고 싶은지를 정해볼 수 있다. 예를 들어, 당신은 경계를 세우지 못하는 것, '아니오'라고 말하지 못하는 것, 학대적이거나 사려 깊지 못한 행동을 참고 있는 것, 버림받거나 홀로 남겨져 있기를 두려워하는 것이 당신이 관계에서 마주하게 되는 가장 큰 문제라고 생각할 수 있다. 혹은 당신은 벽을 세우고, 지나치게 친밀하거나 친절하게 대해주면 숨이 막힐 것만 같고, 당신의 파트너가 다가오게 허락하지 않고, 화가 난 것 외에는 자신의 생각과 느낌을 공유하지 않으려고 하는 패턴이 있음을 알아차릴 수도 있다. 또는 다른 사람이 거리를 두려고 하면 가까워지려고 하며, 가까워지려고 하면 거리를 두려고 하는 패턴이 있음을 알게 될 수 있다. 자신이 관계에 대한 지나치게 높은 기준이나 욕구를 지니고 있으며, 파트너가 이것을 충족시켜주지 않을 때면 잘 견디지 못한다는 것을 알아차릴지도 모른다. 당신은 쉽게 화를 내는 편인가? 또는 금방 상처를 받는가? 쉽게 상처를 받고, 그 다음에는 화가 나기 시작하는가?

워크시트 18: 우리의 애착 패턴을 변화시키기는 당신이 친구나, 가족, 또는 애인과 같은 가까운 관계에서의 패턴을 살펴볼 수 있게 도와줄 것이다. 이러한 패턴 중 일부는 당신이 느끼기에 괜찮을 수도 있고, 일부는 그렇지 않을 수도 있다. 이에 대한 판단을 내리려고 하지 말라. 그저 이 중 무엇이 당신의 삶에서 가장 문제가 되는지를 적어보라. 만약 그런 것들이 많다면, 관련된 2~3가지만 순위를 매겨보라. 그 다음에는, 이러한 패턴들이 촉발된 반응이라고 생각해보라. 당신은 촉발요인들을 미리 알아볼 수 있게끔 촉발요인을 기록해보고 싶어 할 수도 있다. 당신이 삶의 어느 영역에서는 인내의 창을 개발했을지라도, 관계에서는 인내의 창을 갖고 있지 않다고 가정해보라. 관계라는 것은 우리의 삶에서 안전한 피난처처럼 느껴질 수도 있고, 혹은 가장 위험한 고난처럼 느껴질 수도 있다. 두 반응 모두 충분히 이해할 만하다.

이전에 했던 워크시트들로 돌아가 보라. 친밀감에 대한 당신의 인내의 창은 좀 더 확장될 필요가 있는가? 이해받지 못하는 것에 대해서는 어떠한가? 실망하거나 상처를 받는 것에 대해서는 어떤가? 또는 파트너와 경계를 설정하는 것을 견뎌내는 능력을 증진시킬 필요가 있는가? 파트너의 별난 점과 나쁜 습관들을 견뎌주려 노력할 필요가 있는가? 학대가 그저 윤리적으로, 도덕적으로만 잘못된 것이 아니라는 점을 기억하라. 학대는 학대자의 나쁜 습관이기도 했기에, 무해한 나쁜 습관들조차도 당신에게는 커다란 촉발요인이 될 수 있다.

Yvonne은 남편의 행동에 몹시 짜증이 난 나머지 가족들과의 저녁 식사를 포기하려 했다. "내 남편은 정말 철없고 무책임해요. ― 어떻게 그렇게 행동할 수가 있죠? 어떻게 우리 아들한테 그런 끔찍한 습관을 가르칠 수가 있어요?"

나는 다음과 같이 물었다. "저녁 식사에서 당신을 그렇게 화나게 만든 건 정확히 무슨 일이었나요?"

"음식을 가시고 놀더라고요! 진에는 음식을 던지고 논 적이 거의 없었어요! 남편이 자기 접시에 있던 감자 으깬 걸 아들 접시에 올려놨고, 그러니까 아들은 자기 브로콜리를 남편 접시에 올리고, 남편은 감자를 더 올리는데, 그러면서 둘이 그걸 재밌다고 생각하는 것 같더라고요. 그렇지 않은데도요!"

"그러면 당신이었다면 어떤 일이 있었을 것 같나요," 나는 이렇게 말했다. "만약 당신과 당신의 형제가 식사 중에 그랬다면요?"

"우리였다면 맞아 죽을 뻔했을 거예요. — 멍청하고 위험한 일이었을 걸요!"

그 말을 듣자 나는 이해가 되었다. "그들이 음식을 갖고 노는 것 때문에 당신이 촉발된 게 당연하네요! 그들이 뭔가 정말로 안전하지 못한 걸 하고 있고, 그런 줄도 모르고 있는 데다가, 멈출 것 같지도 않을 것 같다고 느꼈겠어요." Yvonne은 남편과 아들이 짜증날 수는 있지만 해롭지는 않은 방식으로 유대감을 쌓는 것을 보며 즐거워하기보다는, 몇 년 전의 자신이었다면 위험했을 일이었기에 경보가 울리는 느낌을 받았다.

Yvonne의 패턴을 변화시키는 데 도움이 된 것은, 자신이 그저 촉발된 것임을 스스로에게 계속 상기시키는 것이었다. 어떤 나쁜 일도 일어나지 않았으며 — 누구도 다치거나 처벌받지 않았다. 그녀가 단지 자기 자신에게 다음과 같이, "나는 촉발된 거야 — 그게 일어난 일의 전부야"라고 계속해서 말해주자, 자신의 심박수가 내려가며 분노가 가라앉는 것을 느낄 수 있었다.

그녀는 스트레스를 받을 만한 다른 저녁 식사 시간을 예상해보며, 자신이 단순히 그들에게 음식을 던지고 노는 것은 자신을 불안하게 만든다고 설명할 수 있다는 것을 깨달았다. 그들을 비난할 필요도, 둘 모두를 방어적으로 느끼게 할 필요도 없었다. 남편의 관계 패턴은 수동적이고 갈등 회피적이어서, 그녀의 비판에 항의하지는 않는 편이었지만, 물러나서 매우 조용하게 있으려 했다. 이는 그녀가 느끼기에 더 안전하긴 했으나, 그녀는 이러한 결과가 둘 사이를 더 멀어지게 만들 것임을 알고 있었다. 이 둘은 자신이 어린아이였을 때 안전하다고 생각했던 방식을 고수해왔지만, 이것이 서로를 가까이하게 도와주지는 못했다.

패턴을 살펴보지 못한 채, 대부분의 사람들은 계속해서 자기 자신이나 파트너를 비난한다. Yvonne은 가까워지는 데 실패한 것을 남편의 탓으로 돌릴 수도 있었지만, 전체적인 패턴을 살펴봄으로써, 그녀가 남편의 장난기와 물러나는 모습에 의해 촉발되었던 것과 마찬가지로, 남편은 그녀의 놀란 반응과 남편에 대한 판단에 의해 촉발되었던 것임을 이해할 수 있었다. 그녀는 남편과 아들이 저녁식사 중에 철없이 굴 때면, 형제들에 의해 양아버지가 자극될 때 얼마나 폭력적이었는지를 몸으로 기억하고 있기에 여전히 조금 놀라긴 했으나, 더 이상 이러한 반응을 분명한 현재의 위험으로 해석하지는 않았다.

기억하라: 생존에 대한 우리의 습관을 변화시키기 위해서는 연습이 필요하다! 통찰력만으로 지속적인 변화를 만들어낼 수는 없다.

무언가가 당신에게 촉발요인이 될 때면, 이를 알아차리고 이름을 붙여보는 연습을 반복해서 해보라. "나는 촉발되었어. – 이건 굉장히 촉발시키네. – 난 지금 정말 촉발되어 있어." 당신이 불쾌하다고 여기는 것(불법적이거나 비도덕적인 것을 제외하고)이 그 자체가 실제로 지니고 있는 불쾌함의 정도보다 더 강하게 촉발요인과 관련되어 있을 가능성을 고려해보라. 예를 들어, 많은 사람들은 촉발되었을 때 관계로부터 벗어나고 싶어 하거나, 심지어는 자신의 짝에게 떠나버리겠다고 위협하는 자신을 발견하기도 한다. 이것은 "못된" 짓일까? 아니면 관계적인 역동에 의해 촉발된 자동적인 반응일까? 많은 사람들은 상처받거나 화가 날 때면 입을 다물어 버리거나 – 큰 소리를 내며 비난하거나 – 떠나버린다. 혹은 자신을 촉발시키는 행동을 비판함으로써 파트너를 "개신"시키려 한다. 이리한 패턴은 우리의 몸과 감정이 아주 오래전에 관계에 대해 배웠던 것들을 반영한다. 이는 대개 의식적이고 심사숙고한 선택이 되지는 못한다.

당신의 파트너가 당신을 때리거나, 공공연하게 모욕을 하거나, 집에 가두어 두거나, 외출하는 것을 통제하거나, 당신 혹은 당신의 아이를 해치는 것이 아니라면, 당신이 아마도 파트너의 행동에 의해 촉발된 것이라고 가정해보자. 호기심을 가져보아라. 나는 나의 파트너를 어떻게 촉발시키는가? 우리가 서로를 촉발시키는가? 촉발요인을 자각하는 것은 건강한 관계에서의 또 하나의 중요한 요인이다. 파트너와 배우자가 촉발되는 것을 우리가 언제나 예방할 수 있는 것은 아니지만, 조금 다르게 말하거나 조금 달리 행동할 기회가 있는 경우에는 상대를 촉발시키지 않도록 노력을 기울일 수 있다. 살얼음판을 걷는 기분으로 있거나 무조건적으로 순응하는 것처럼 느껴지지 않으면서도 타인의 촉발요인을 섬세하게 알아차리는 방법에 대해 배우는 것은 관계를 건강하게 해준다. 우리는 아이들이나, 친구, 혹은 우리 자신보다 더 취약한 사람에게는 자연스럽게 그렇게 대하면서도, 파트너에게는 그렇게 하는 것을 종종 잊어버린다.

얼마나 참아야 하는가?

수용하거나 용인해야 할 한계를 아는 것은 누구에게나 어려운 일이다. 여기에는 법적인 기준 외에는 절대적인 기준이 없다. 우리는 신체적 · 성적으로 폭력적인 대우, 통제를 위한 무기 사용, 물리적 구속, 위협적 행동, 약물 사용, 또는 이외의 우리나 아이들의 안전을 위협하는 자기-파괴적 행동을 받아들이지 않을 법적인 권리를 갖고 있다. 그 이상으로 넘어가면, 그냥 둔감하고 무례한 행동인 것과, 수용할 수 없고 안전하지 못한 행동을 구별하기가 점차 어려워진다. 이는 특히나 트라우마 생존자들에게 더욱 그렇다. (만약 당신이 학대를 당하고 있는 것이 맞는지 아닌지에 대해 궁금하다면, 관계에서 학대처럼 느껴지는 것들에 대해 평가해볼 수 있는 다양한 체크리스트를 인터넷에서 참고힐 수 있다) 종종, 파트너에게 금전적으로 의존한다는 것이 우리로 하여금 부적절한 행동도 인내해야만 한다는 편견을 갖게 할 수 있다. 혹은 우리가 무례한, 무신경한, 둔감한 행동에도 촉발된다면, 경계를 설정하거나 심지어는 떠날 수 있는 권리가 있다는 감각에 닿기가 어려울 수도 있다.

얼마나 참고 견뎌야 하는지를 결정하기 위한 한 가지 기준은 다음과 같이 질문해보는 것이다. "내가 얻는 긍정적인 것들을 고려할 때, 부정적인 것들을 견딜 만한 가치가 있는가?" 학대적이지는 않지만 어느 정도의 흠을 지닌 사람을 당신이 깊이 사랑하고 있다면, 관계에서 있을 모든 촉발요인들을 관리하는 방법을 배울 만한 가치가 있을 수도 있다. 당신이 꿈꾸던 직업을 갖고 있는 경우라면, 그로부터 오는 모든 촉발요인들을 감내하며 일하기 위해 노력할 가치가 있을지도 모른다. 모든 사람들은 자신이 얼마나 많이 감내할지를 결정할 권리를 갖고 있다. 따라서 그 선택을 정당화할 필요 또한 없다.

Jennifer는 그녀를 몹시 사랑하며 어머니이자 전문가로서 지지해주는 한 남자와 결혼했는데, 동시에 그는 통제적이고 비판적이기도 했다. 그는 자신의 저명한 직장 내에서 전문가로서 존중받고, 지도자로서 군림했다. 불행히도, 그는 이러한 기대를 집으로까지 가져왔다. 늘 자신이 옳다고 확신했고, 짜증이 나거나 불안해질 때면, 그녀와 대화하려 했다. 자기에게 동의해주는 게 아니라면, Jennifer의 의견이나 느낌을 진지하게 들어주지 않았다. 친구들이 그녀에게 "그를 어떻게 참아줄 수가 있어?" 하고 물으면, 그녀는 항상 미소를 지으며 "그는 나를 몹시 사랑하거든 – 날 위해 뭐든 할 수 있는 사람이야. 난 그가 그저 심술궂은 투덜이라는 걸 알고 있어 – 그걸로 상처빈진 않아." 하고 말했다.

Jennifer는 공포심이나 수치심에 좌우되지 않겠다는 결정을 내렸다. 남편이 이따금 자신을 비난한다고 할지라도, 비난받는다고 느끼지 않았기 때문에, 위축된다고 느끼지 않았다. 그것이 핵심이다.

트라우마 생존자들이 치유되기 위해서는 안전하다고 느끼는 것이 필요하다. 현재 자신의 삶에서 통제감을 지니고 있다는 느낌이 필요하며, 작게 느껴지거나, 타인보다 못하다고 느껴지거나, 수치스럽게 느껴지는 것은 필요하지 않다. 더불어 다음에 제시될 Annie의 사례에서 볼 수 있듯이, 좋은 관계 내에서도 작고 수치스러운 존재로 느끼거나, 사랑받지도 필요하지도 않은 존재라고 느끼거나, 두렵고 안전하지 못하다고 느껴지는 기억을 경험할 경우, 촉발로 향하게 될 수밖에 없다.

Annie는 자신의 남편이 무신경하고 착취적이라고 말했다. "왜 항상 제가 저녁을 차려야 하죠? 왜 그는 한 번도 날 위해서 저녁 식사를 만들어주지 않는 걸까요? 왜 항상 얘기를 꺼내는 사람이 저여야 하는 거죠? 왜 저만 이 관계에 대해 신경 쓰고 있는 거죠?" 그녀는 그가 다른 방식으로 관심을 기울이고 있다는 걸 받아들이지 못했다. 그는 그녀가 PTSD 증상으로 인해 어려움을 겪던 모든 세월 동안 가족을 돌보았고, 그녀의 촉발된 반응에 대해 절대로 비판하거나 의문을 갖지 않았고, 그녀가 홀로 하기 두려워하는 일들을 할 수 있도록 도왔고, 그녀의 허락이 먼저 있기 전에는 어떤 방식으로도 그녀를 만지려 하지 않았다. 그녀가 일을 할 수 있을 때에는 일하되 일을 할 수 없을 때에는 일하지 않는 것을 수용했고, 절대로 그녀를 통제하려 들지 않았으며, 그녀가 그를 떠나버리겠다고 위협할 때조차도 거의 화를 내지 않았다. 표현력이 뛰어난 사람은 아니었기에, 자신의 느낌을 어떻게 표현해야 할지를 몰랐고, 이와 같은 표현의 실패는 Annie에게 어린 시절 그 어떤 어른도 진정한 관심이나 애정을 보여주지 않았다는 느낌의 기억을 촉발시켰다. 그녀를 위해 요리를 해주지 못하거나 좀 더 양육적인 방식으로 그녀를 돌보는 데 실패하는 것은, 그녀에게 마찬가지로 고통받았던 방임에 대한 느낌의 기억을 되살렸다. 그녀의 어머니는 그럴 기분이 날 때에만 아이들에게 먹을 것을 주었기에, 아이들은 종종 굶주리곤 했다. 그녀는 "나를 위해 항상 내가 요리해야 할 때 수치심이 느껴져요"라고 말했다. "마치 제가 충분하지 않다고 느껴져요. — 제가 먹든 말든 아무도 신경 쓰지 않는다고요."

여러 해가 지나도록 자신의 결혼생활에서 건강한 부분과 보살피는 부분을 볼 수 없을 정도로 자신이 촉발되어 있었다는 걸 알 수 있게 되자, 이는 Annie에게 해방감과 위안을 안겨주었다. 그녀는 "전 여전히 그가 좀 더 감정적인 사람이었으면 해요"라며, "하지만 이제 그게 저에 대한 게 아니라는 걸 알아요. 그냥 그 사람의 한계죠."라고 말했다. 자신의 결혼에 대해 감사하는 것도 그녀가 자기 자신을 인정해주는 데 도움이 되었다. "그를 만났을 때 전 엉망이었어요, 괴물 같은 사람을 고를 수도 있었을 텐데, 전 그러지 않았어요."

내면의 작은 "당신"을 돌보기

어린 시절에 방임되고 학대되었다는 것은, 누구도 그 아이를 돌보아주지 않았다는 뜻이다. 관계에서는 우리 모두 이와 같은 어린 부분들이 활성화될 것이다. 우리는 때로 불편할 정도로 취약해진 것처럼 느낄 것이고, 파트너 역시 자신이 취약하다고 느끼고 있기 때문에, 그들이 우리에게서 불러일으키는 느낌들과 관련해 언제나 도와줄 수 있는 것은 아니다. Annie가 촉발되면서, 기분이 나지 않으면 굳이 아이를 먹이려 하지 않는 엄마를 갖고 있었던 어린 Annie의 수치심을 느낄 때면, 그녀는 본능적으로 남편이 자신을 위로해주고 이러한 느낌을 덜어내 주기를 바랐다. 그리고 Yvonne이 식사 중에 일어난 장난으로 인해 촉발될 때면, 내면의 어린 Yvonne은 두려워하며 남편이 상황을 안전하게 유지해주기를 바랐다. 우리 모두는 자기 자신이 과거의 일에 반응하고 있다는 사실을 인식하지 못한 채로, 어린 시절에 얻지 못했던 것들과 관련해 파트너에게 본능적으로 의지한다. 남편과 아들이 식사 중에 "난리를 칠" 때면 자신이 불안해진다는 것을 Yvonne이 남편에게 말하는 것도 중요했고, 남편에게 당신을 비판하려는 것이 아니라 그저 자기가 촉발되고 있는 것이라고 알리는 것 역시 중요했지만, 어리고 외상을 입은 자기 자신을 수용하고 환영하는 것 역시 중요하다.

두 남편 모두 배우자가 어린 시절 겪어왔던 일에 대해 민감하게는 반응했지만, 아이로서의 부분들은 그러한 정보를 충분히 받아들이지 못했다. 학대, 방임, 거절, 그리고 유기의 세월이 흔적을 남기고 간 것이다. 두 여성은 매우 안전하고 수용적인 남성과 결혼했음에도, 그러한 느낌의 기억을 여전히 매일같이 경험하고 있었다. 자신의 남편을 보살펴주는 사람으로 선임하여 이러한 느낌의 기억을 떨쳐내려 하기보다는, 내면의 상처받은 아이를 환영하며 이 아이를 위한 방을 만들어주어야 했다.

다음 장에서는, 어떻게 트라우마 경험이 개인을 파편화시키며, 상처받은 아이로서의 자신과 관계를 끊고 달갑지 않게 여기게 만드는지에 대해 나눠볼 것이다.

WORKSHEET 16   밀착감과 거리감에 대한 당신의 반응을 알아차리기

<table>
<tr>
<td>
당신이 아이였을 때 '가까이 있는
것'에 대해 어떤 것들을 배웠나요?

_____
_____
_____
_____
_____
</td>
<td>**안전**</td>
<td>
지금은 가까워지게 되면 무슨 일이
일어나나요?

_____
_____
_____
_____
_____
</td>
</tr>
</table>

부모 상

위험

<table>
<tr>
<td>
다른 사람들로부터 '거리를 유지하는
것'에 대해서는 무엇을 배웠나요?

_____
_____
_____
_____
_____
</td>
<td>
지금은 좀 더 거리를 유지하려 하면
무슨 일이 일어나나요?

_____
_____
_____
_____
_____
</td>
</tr>
</table>

WORKSHEET 17 외상적 애착 패턴

외상적 애착 패턴을 인식하는 것은 우리가 성인 간의 관계를 맺는 데 도움이 됩니다. 내가 너무 많이 참고 있지는 않나요? 아니면 어떤 것도 참지 않으려고 하나요? 거리감과 밀착감에 대한 나의 반응으로 인해 파트너가 혼란스러워하고 있나요? 내가 이 관계를 떠나야 하는 건가요, 아니면 내가 단지 촉발되고 있는 건가요?

당신이 인지하는 외상적 애착의 신호에 표시해보세요.

☐ 경청해주지 않는 것을 견디기 어려워함

☐ 사람들이 나를 이해하지 못하는 것을 견디기 어려워함

☐ 그 또는 그녀가 나를 사랑하지 않을까 봐 걱정함

☐ 버림받는 것을 두려워함

☐ 상대가 바람을 피울까봐 두려워함

☐ 접촉하는 것을 원하지 않음

☐ 항상 돌보아지기를 원함. 누군가가 함께 있을 때에만 안전하다고 느낌

☐ 자기 자신이 충분하지 못할까 봐 걱정함

☐ 파트너의 분노를 견딜 수 없어함

☐ 파트너의 침묵을 견딜 수 없어함

☐ 경계를 설정하지 못하거나, "이건 괜찮지 않아."라고 말하지 못함

☐ 가까워지면 도망치고 싶어짐

☐ 혼자 있거나/떨어져 있는 것을 견딜 수 없어함

☐ 숨이 막히는 듯한 느낌을 받음

☐ 학대적인 행동을 견디려 함

☐ 무례한 행동을 견딜 수 없어함

☐ 파트너가 다가오지 못하게 함. 느낌을 공유하지 않으려 함

☐ 감정이 상할 때 격렬한 분노를 느낌

☐ 자신이 사랑스럽지 못하다고 느낌

☐ 다른 사람이 내게 충분히 괜찮은 사람이 아닐까 봐 걱정함

☐ 해로운 관계를 떠나고 싶어 하지만 그렇게 하지 못함

이러한 패턴은 당신이 아주 어렸을 적에 생존을 위해 만들어낸 방법임을 기억하세요.
이들은 당신이 해로운 상황에서 해낼 수 있었던 최선이었습니다.

WORKSHEET 18   우리의 애착 패턴을 변화시키기

모든 생존 패턴이 바뀌어야만 하는 것은 아닙니다. 다음의 체크리스트에서, 만약 바뀌게 된다면 관계를 맺기가 좀 더 수월해지거나 좀 더 나은 관계를 맺는 데 도움이 될 것 같다고 생각되는 것을 골라보세요.

거리감에 대한 선호	밀착감에 대한 선호
☐ 가까워지면 도망치고 싶어짐	☐ 혼자 있거나/떨어져 있는 것을 견딜 수 없어함
☐ 숨이 막히는 듯한 느낌을 받음	☐ 경청해주지 않는 것을 견디기 어려워함
☐ 파트너를 신뢰하지 않음	☐ 학대적인 행동을 견디려 함
☐ 상대방이 바람을 피우고 있다고 믿음	☐ 사람들이 나를 이해하지 못하거나 걱정해주지 않는 것을 견디기 어려워함
☐ 접촉하는 것을 원하지 않음	☐ 그 또는 그녀가 나를 사랑하지 않거나 내가 배신을 당하게 될까 봐 걱정함
☐ 감정이 상할 때 격렬한 분노를 느낌	☐ 버림받는 것을 두려워함
☐ 다른 사람이 내게 충분히 괜찮은 사람이 아닐까 봐 걱정함	☐ 항상 돌보아지기를 원함. 누군가가 함께 있을 때에만 안전하다고 느낌
☐ 파트너와의 관계에서 결핍감, 슬픔, 불안정감을 견딜 수 없어함	☐ 기분이 상하면 자신이 사랑스럽지 못하다고 느낌
☐ 무례하거나 둔감한 행동을 견딜 수 없어함	☐ 분노나 침묵을 견딜 수 없어함
☐ 화가 나면, 파트너를 밀어내려 함	☐ 경계를 설정하지 못하거나, "이건 괜찮지 않아."라고 말하지 못함
☐ 속상해지면 말을 하지 않음	

이것들이 촉발된 반응이라고 가정해보세요. 이것들이 그저 내가 촉발되었다는 신호라는 것을 알아차리게 되면 무슨 일이 일어나나요? 무엇이 달라지나요?

트라우마와 관련된 파편화와 해리

안전하게 해주고, 고통을 달래어주고, 신체적인 행복을 보살펴 줄 수 있는 보호자가 없으면, 어린아이는 위협적인 세상으로 인해 일어나는 압도적인 반응을 조절하기 위해 자기 자신의 뇌와 몸에 의존해야만 한다. 많은 사람들은 이때를 회상하며, "두려워하거나 수치스러워하지 않은 날이 하루도 없었어요" 또는 "어린 시절의 가장 생생한 기억은 배고프다는 느낌이에요. - 전 언제나 굶주려 있었어요" 또는 "저는 항상 혼자였어요. - 언제나 외롭고 무서웠죠."라고 말했다.

아주 어린 아이들은 어떻게 대처해야 할까?

다행히, 인간의 뇌와 몸은 아기일지라도 활용할 수 있을 만한 자원을 지니고 있다. 우리는 해리되거나, 무감각해지며 기운을 잃거나, 자기 자신의 몸으로부터 분리될 수 있다. 더불어 우리의 정신은 분열되거나 파편화될 수도 있다. 뇌가 이미 분리되어 있다면, 파편화되는 것이 그리 어렵지 않다(Fisher, 2017).

뇌의 구조는 어떻게 파편화를 가능하게 하는가

전체의 뇌는 구조적으로 두 가지의 주 영역으로 나누어져 있다. 이는 우반구와 좌반구이며, 각각은 서로 매우 다른 기능과 능력을 지니고 있다. 아기들이 양쪽 뇌를 온전히 갖고 태어나기는 하나, 대부분의 어린 시절 동안 우뇌가 우세해 있으며, 행동과 감정을 움직이는 피질 하 구조에 의존한다. 느리게 발달하는 좌뇌는 2세 전후와 청소년기에 다시 성장이 촉진되지만, 좌뇌 우세의 발달은 아동기에 걸쳐 점진적인 방식으로만 이루어진다. 뇌의 두 영역이 서로 소통하기 위해서는, 이 둘 사이에 위치한 길고 좁은 영역인 뇌량이라는 세 번째 영역이 필요하다. 어린 시절에는, 우뇌의 경험이 좌뇌의 경험으로부터 상대적으로 독립적이며 그 반대의 경우도 마찬가지이기에, 필요에 따라 파편화가 쉽게 이루어진다. 트라우마를 입은 아이들과 그렇지 않은 10대의 뇌를 비교한 연구를 통해, 우리는 평균보다 작은 – 즉, 덜 발달된 – 뇌량이 좌뇌와 우뇌가 서로 소통하고 협업하는 능력을 저해하는 것이 트라우마와 관련되어 있음을 알게 되었다. 그로 인해, 트라우마 생존자들은 자신의 좌뇌와 우뇌가 서로 잘 조화되지 않는다는 것을 발견하게 된다.

[그림 7–1]에 설명되어 있는 것처럼, 보다 일찍 발달한 우뇌는 뇌의 비언어적 영역인 반면, 보다 느리게 발달하는 좌뇌는 언어 능력을 비롯해 경험을 연대기적으로, 그리고 언어로 기억하는 능력을 지니고 있다. 우뇌는 신체적 언어와 얼굴의 표정을 더 잘 읽는 반면, 좌뇌는 말로 이루어진 언어를 해석하는 것을 더 잘한다. 우뇌는 어떻게 느꼈는지에 대해 기억하고, 좌뇌는 무슨 일이 일어났는지를 기억한다. 우리가 촉발될 때면, 우뇌가 더욱 활성화되며, 우리가 계획을 짜고 문제를 해결할 때에는, 좌뇌가 더욱 활성화된다. 그 결과 두 가지의 다른 성격을 갖는 것과 다소 비슷해진다. 하나는 논리적이고, 합리적이며, 언어적이지만 감정에 접촉하지 않는 것이고, 다른 하나는 아주 감정적이고 반응적이지만 언어의 형태를 갖추지 못하기에 이성에 접근할 수 없다. 우리 모두는 이러한 두 가지의 측면을 경험해보았다. 충동적인 결정을 내리려고 할 때 이성적인 좌뇌가 우리를 막는 것을 경험할 수도 있다. 이는 우리가 무언가에 휘말리거나 다치게 될 수도 있으며, 혹은 더 나은 사람이 되기를 바랄 수도 있음을 상기시켜준다. 또는 병들거나, 상실을 슬퍼하거나, 스트레스를 받는 시간을 겪게 될 수 있으며, 무너지지 않고 하루를 견뎌낼 수 있을지에 대한 의문을 품게 되지만, 계속 나아가려 하는 우리의 능력이 어떻게든 본능적으로 발휘되면서, 이러한 고통에도 불구하고 스스

그림 7-1 뇌의 두 영역은 어떻게 기능하는가

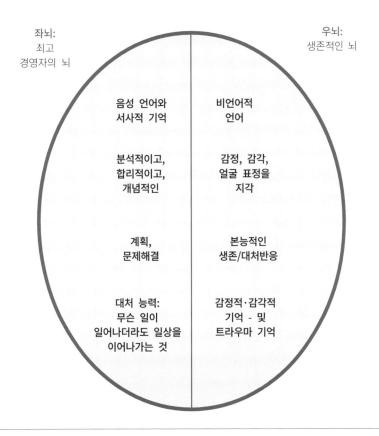

우리는 뇌의 각 영역에 따라 세상을 달리
경험하게 된다

좌뇌:
최고
경영자의 뇌

우뇌:
생존적인 뇌

음성 언어와
서사적 기억

비언어적
언어

분석적이고,
합리적이고,
개념적인

감정, 감각,
얼굴 표정을
지각

계획,
문제해결

본능적인
생존/대처반응

대처 능력:
무슨 일이
일어나더라도 일상을
이어나가는 것

감정적·감각적
기억 - 및
트라우마 기억

로 생각하고 기능할 수 있다는 걸 발견하게 된다.

성격의 해리된 부분을 이해하기

이 생물학적 현상은 Onno van der Hart, Ellert Nijenhuis, 그리고 Kathy Steele(2006)에 의해 개발된, 구조적 해리 모델로 알려진 이론의 기반이 된다. 이 것은 만성적으로 트라우마를 입었거나(예를 들어, 한 명 이상의 가해자에 의해 다양한 유형의 학대 및 방임을 당하는 등), 가족에 의한 학대에 이어서 또 다른 트라우마 사건들을 경험한 사람들을 이해하기 위해 설계된 트라우마 모델이다.

이 모델은 다음과 같은 가설을 제시한다. 트라우마 환경에서, 보다 본능적인 우뇌가 과각성이나 행동을 취할 준비 상태를 유지함으로써 위험에 대비하도록 자극되는 반면, "계속해서 나아가려 하는" 성격을 지닌 좌뇌는 일상을 견뎌내며 무슨 일이 있더라도 삶을 유지해낸다는 것이다. 이는 학대받은 아이가 경계를 하고 몸을 숨길 준비를 할 수 있게 하면서도, 여전히 학교에 가고, 친구들과 놀고, 숙제를 할 수 있게 해준다. 우뇌 영역이 두려움과 수치심을 느끼고 있더라도, 좌뇌 영역은 학생으로서, 운동선수로서, 예술가로서, 또는 과학자로서의 기술을 분명하게 발달시킬 수 있다.

[그림 7-2]는 이러한 생존-관련 분열 모델에 대해 보여주고 있다. 스트레스를 받으면, 성격의 좌뇌 영역과 우뇌 영역은 개인이 두 가지의 일을 한 번에 해낼 수 있도록 보다 독립적으로 움직이기 시작한다. 아무 일도 일어나지 않은 것처럼 계속해서 나아가면서도 이후의 - 그리고 그 다음의, 또 다음의 - 위협에 대비하려 한다. 두 가지 모두 생존을 위해 필요하다. 구조적 해리 이론의 저자들은 좌뇌 자아에 "성격에서 문제가 없어 보이는 부분"이라는 이름을 붙임으로써 이것이 문제가 없는 상태를 흉내 내고 있는 것임을 설명하려 하였는데, 이것이 "문제가 없어 보이는"이라는 말로 설명되면, 나의 내담자들이 이 성격 부분이 지닌 중요한 역할을 잘 알아보지 못한다는 것이 금방 내 눈에 띄었다. 그래서, 이들을 위해, 나는 이것을 "일상을 유지해나가는" 자아라고 다시 명명함으로써 우리의 좌뇌 자아가 거짓되거나 흉내 내는 자아가 아니라 "계속해서 나아가려 하는" 본능적인 생존-관련 추동을 반영하고 있음을 강조하려 하였다. 나는 이 부분이 지닌 긍정적이고 진화적인 기능을 강조하고 싶었으며, 더불어 트라우마-관련 반응만이 "진실한 자아"이며 이 부분이 지닌 능력은 거짓된 자아로 기능하는 것이라고 바라보는 추세에 도전하고 싶었다.

그림 7-2 구조적 해리 모델

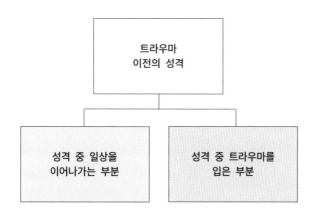

트라우마 사건이 발생했을 때:

트라우마
이전의 성격

성격 중 일상을
이어나가는 부분

성격 중 트라우마를
입은 부분

자아의 좌뇌 영역은 일상을
이어나가며, 흔히 무슨 일이
있었는지에 대해 거의 혹은 전혀
기억하지 못한다. 이 부분은 오늘
해야 할 일에 초점이 맞추어져 있다.

자아의 우뇌 영역은 느낌 및 몸의
기억과 더불어, 그 일이 다시 일어날
것이라는 공포스러운 예상을 품고
있다. 위험을 대비하고 경계하며,
위협에 초점을 맞추고 있다.

From van der Hart, Nijenhuis, & Steele, 2006

　　더불어, 일상을 이어나가는 자아의 긍정적인 목적과 목표를 강조하는 것은, 생존자들로 하여금 방어와 관련된 부분에서의 격동적인 감정들을 그저 무시해보려고 애쓰게 만들기보다는 이를 관리하는 능력을 강화하게끔 돕는다. 우리는 이 이론의 저자들과 마찬가지로 성격의 우뇌 영역을 감정적 부분이라고 볼 수도 있고, 트라우마를 입은 부분이라고 생각해볼 수도 있다. 순간적으로는 논리적, 합리적, 기능적이다가도 5분 뒤면 감정과 충동에 압도되는 것은 매우 혼란스럽고 미쳐버릴 것처럼 느껴질 수 있다. 여기서 제시된 모델은 생존자들이 자신이 미치거나 증상을 꾸며낸 것이 아니라는 것을 알게 하며 안심할 수 있게끔 도와준다. 이를 통해 트라우마를 입은 부분인 촉발된 반응과 압도적인 감정을 인식하는 것을 배울 수 있게 되고, 일상을 이어나가는 부분을 거짓된 자아가 아니라 자원으로써 이해할 수 있게 된다.

Tammy는 자신의 생일이 있는 7월이면 언제나 괴로워하고 있었는데, 누군가가 자신을 돌보아주기를 갈망하다가도 그날 자살하기 위한 상세한 계획을 짜는 상태를 오갔다. 몇 년 동안을, 자살 위험성 때문에 입원해 있거나 아침에 침대 밖으로 나갈 수가 없어서 종종 일하지 못하곤 하였다. 그런데 어느 해, 그녀는 자신이 이 달의 직원 상을 받게 되었다는 것을 알고 충격을 받았다! 자주 병가를 냈음에도 불구하고, 출근을 했을 때에는 하루도 빠짐없이 나와 일한 직원들보다도 월등히 생산적이었던 것이다. 이것은 그녀가 외로움과 자살 경향성 이상의 존재임을 보여주는 첫 번째 신호였다.

워크시트 19: 구조적 해리 모델을 활용하여 당신에게 있는 두 영역을 살펴보라. 어느 한쪽의 특성을 나쁘거나, 부끄럽거나, 잘못된 것이라고 이름 붙이지 않도록 하라. 그저 당신 내면의 투쟁에 대해, 그리고 당신 뇌의 어떤 영역이 갈등을 겪고 있는지에 대해 호기심을 기울여보라.

위험이 커지면 특화된 생존-관련 부분도 더욱 필요해진다

이에 이어서, 구조적 해리 모델에서는 반복되고 만성적인 트라우마 경험이 있는 경우 더욱 복잡한 분열과 파편화가 종종 적응적이고 필요하기도 하다고 말하고 있다. 다만 이 또한 몸과 뇌의 논리를 따른다. 부모의 보호가 부재한 상황에서 아이들은 자신의 본능적이고 동물적인 방어 생존 반응(투쟁 및 도피, 간절하게 도움을 청하기, 두려움에 동결—얼어붙기, 힘을 잃고 복종하기)에 의지해야 하기 때문에, 이 이론은 성격의 만성적인 트라우마 하위 부분이 자연스럽게 이와 같은 다양한 양상의 자기—보호 방식을 발달시킨다고 설명한다. 이 모델은 파편화나 구조적 해리가 반복된 트라우마에 대한 정상적인 본능적 반응이며, 반드시 해리장애의 증거가 되는 것은 아니라는 점을 명확히 밝히고 있다. 이를 당신도 이해할 수 있을 것이다.

그림 7-3 트라우마를 입은 부분을 보호자로서 이해해보기

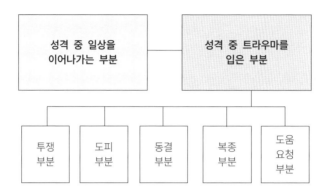

많은 트라우마 사건이 일어난 경우, 필요에 따라 다양한 방법들로 개인을 보호하기 위한 다양한 하위 부분들을 발달시키기 위해 더 많이 분열되어야 한다.

| 성격 중 일상을 이어나가는 부분 | 성격 중 트라우마를 입은 부분 |

| 투쟁 부분 | 도피 부분 | 동결 부분 | 복종 부분 | 도움 요청 부분 |

트라우마를 입은 우세 우뇌 자아 부분은 더욱 분리되고, 독립적으로 진화하며, 각각 이 위험한 세상에서 필요한 서로 다른 생존 전략을 제공해준다. 이 부분은 일상적인 삶을 위험으로 여기며 두려워하고, 살아남기 위해 자신이 지닌 오래된 방식으로 투쟁한다.

From van der Hart, Nijenhuis, & Steele, 2006

예를 들어, 어떤 가정 내에서는 말대꾸를 하거나 분노를 표현하는 것이 안전하지 않은데, 투쟁 부분이 파편화되고 분열되어 있으면 아이는 분노를 느끼지 않아도 되며, 결과적으로 어른이 이것을 알아채지 못하게 된다. 또 다른 가정의 경우에는, 울거나 도움을 요청하는 것(예를 들면, 무슨 일이 일어나고 있는지를 다른 어른에게 알리는 것)이 더욱 위험할 수도 있다. 파편화된 도움 요청 부분은 아이로 하여금 학대하는 부모가 있을 때에는 절대 슬퍼 보이지 않게 하면서도, 어떤 상황에서는 울거나 고통감을 내보일 수 있게 한다(예를 들면, 조부모와 함께 있거나 교사와 함께 있을 때). 도움 요청 부분은 밀착감과 보호를 추구하는데 — 이 둘 모두 학대하는 부모와 함께라면 위험한 것이 된다. 이러한 방식의 파편화는 트라우마 환경에서의 매우 복잡하고 정교한 적응을 가능케 한다. 얌전히 있는 것이 가장 적응적이고 희망을 품는 것은 위험한 상황에 처했을 때 느낄 수밖에 없는 무망감과 무기력을 이러한 하위 부분이 다루는 동안, 일상을 이어나가는 부분은 학교에 가고, 대학 진학을 비롯한 트라우마 이후의 삶을 계획한다. 그리고, 일상을 이어나가는 자아가 미래를 계획하는 동안, 자살 경향성이 있는 투쟁 부분은 상황이 악화되면 일을 저질러버릴 계획을 하고 있을 수 있으며, 도피 부분은 하위 부분의 무망감과, 얼어붙거나 두려워하는 부분의 플래시백을 조절하기 위해 과음하려 할 수 있다.

꽤 어렸을 적에, Carly는 피어나는 미래에 대한 꿈과 희망을 품고 있었다. 그 후 19세 때 대학에서 파트너를 만났고, 언젠가는 집과 가정을 꾸리고 치료자로서 일하겠다는 꿈을 꾸기 시작했다. 그러나 이러한 꿈과 희망은 그녀가 여전히 겪고 있는 매일의 악몽과 플래시백으로 인해 엉클어졌다. 이 증상들은 그녀를 압도했고. 그냥 포기해버리고 싶어 하는 무망감 부분을 촉발시켰다. 불행히도, 이것이 그녀의 자살 경향성 부분에게는 계속해서 압도된 채로 살기보다는 다시 한 번 어떻게 죽을지를 계획해보게끔 하는 신호로 다가왔다. "저는 제가 죽고 싶어 한다고 생각하진 않아요," 그녀는 다음과 같이 말했다. "전 살아야 할 이유가 많아요. 제가 왜 자꾸 죽으려고 하는지 이해를 못 하겠어요."

안전하지 않은 환경에서 자라는 아이에게는, 변화하는 요구에 대응하기 위해 이러한 모든 하위 부분들이 필요할 수 있다. 예를 들어, 학교에 가는 것에는 수업 중에 주의를 기울이고, 배우고, 또래 및 교사와 사회적으로 어울리는 성격 부분이 필요하다. 집에서, 철수되고 방임하면서도 때로는 폭력적인 부모와 함께 일 때에는, 다른 생존방식에 전념하는 다른 부분들이 필수적일 수 있다. 예를 들면, 두려워하는 부분(동결)의 공포가 학대자의 목소리나 발소리에 의해 촉발되며 몸에 위험을 경고해줄 수 있다. 장난스러운 부분은 부모의 과민해진 기분을 가볍게 풀어주고, 그를 웃게 해줌으로써 긍정적인 연결을 촉진시킬 수도 있다(사회적 유대감). 돌보아주는 부분(복종)은 그러한 폭력적인 행동에도 불구하고 자기 자신이나 더 어린 동생들을 보호하려고 할 수 있다. 그리고 과각성된 투쟁 부분은 어떻게 해야 가장 잘 방어할 수 있을지를 예측하기 위해 부모의 기분을 주의 깊게 관찰하려 할 것이다.

워크시트 20: 트라우마를 입은 부분을 확인하기를 사용하여 부분 모델과 자기 자신이 지닌 특정한 증상 및 투쟁을 연결해보라. 확실하지 않아도 괜찮다 - 그저 당신의 어떤 부분이 수줍어하고, 부끄러워하며, 신뢰하기 어려워하는지 등등에 대한 호기심을 가져보라. 만약 이 모델이 상당히 낯선 것일지라도, 직관적으로 이해가 되는지를 살펴보라.

대개, 일상을 이어나가려 하는 부분은 매일의 우선 사항들(예로, 직장에서 기능하기, 아이들을 키우기, 반려동물을 보살피기, 가정을 돌보기, 심지어는 의미 있는 개인적 · 전문적 목표를 갖기까지)을 영위하려 노력한다. 하지만 이러한 활동들은 일상생활의 맥락에서 트라우마를 입은 부분이 촉발되면 흔히 엉클어지며, 이에 따라 압도적인 감정, 개인을 무력화시키는 우울이나 불안, 과각성과 불신, 자기−파괴적 행동, 그리고 미래에 대한 두려움이나 무망감이 일어나게 된다. 많은 생존자들은 이러한 트라우마−관련 부분의 느낌과 생리적 반응들에 휩쓸리거나 이로 인해 좌지우지된 이후에야 치료를 받으러 온다. 다른 생존자들은 이러한 반응을 차단하고 거부하려는 시도가 만성적인 우울 또는 이인증으로 이어질 때에야 치료에 찾아온다.

Geraldine은 자신이 어린 시절로부터 성공적으로 생존했다고 여겼다. 38세가 되자 집을 떠나서 어렸을 적에 사랑하던 사람과 결혼하여 경력을 쌓고, 아이를 낳고, 꿈꾸던 집을 샀다. 자신이 해냈다고 느꼈다. 마침내 원하던 모든 것들을 가졌으며, 이제야 안심할 수 있었다. 그러던 어느 날, 그녀는 설명할 수 없는 떨림과 두려움, 공포, 무망감, 그리고 절망감과 함께 깨어났다. 트라우마의 쓰나미가 덮쳤고, 이 부분들이 그녀의 몸을 점령했다. 이러한 느낌들이 무얼 의미하는지 알지 못하는 채로, 자신의 고통스러운 어린 시절 부분에 대해 이야기해보도록 독려하는 치료자를 찾아갔다 − 이는 그녀의 느낌을 더욱 공포스럽고 압도적으로 느껴지게 만들었다. 바로 지금, 그 느낌이 그녀의 몸을 움켜쥐고 있었다. 그녀는 잠을 잘 수도, 먹을 수도, 가만히 앉아있을 수도 없었다. 떨지 않고 있을 때는 구토를 하고 있었다 - 음식을 넘길 수가 없었기에, 식사를 하는 것이 더욱 어려워졌다. 치료를 받기에는 너무 불안해한다고 말하는 다른 치료자를 만나보기도 하였고, 그녀가 치료에 저항한다고 탓하는 치료자도 만나보았다. 그녀가 직업적으로 매우 성공한 사람이었기 때문에, 누구도 그녀가 트라우마 또는 트라우마-관련 해리로 인해 고통받고 있을 것이라는 생각을 떠올리지 못했다.

당신의 진단을 이해하기

구조적 해리 이론은 만성적으로 트라우마를 입은 개인의 성격에 대해 이해하기 위한 방법을 설명하고 있기 때문에, 정신 건강 전문가들이 제시한 다양한 진단에 맞추어져 있으며, 여기에는 복합 외상후 스트레스장애(C-PTSD), 경계성 성격장애(BPD), 해리성 정체성장애(DID), 달리 명시되지 않는 해리장애(DDNOS)가 포함되어 있다. 만약 당신이 이러한 진단을 받은 적이 있다면, 이 모든 진단적 이름들은 파편화를 통해 살아남은 트라우마 생존자에게 흔히 주어지는 것임을 기억해두라. 이는 당신이 정신질환을 가지고 있다는 뜻이 아니다. 이러한 진단들을 부분들이 나타나는 것으로서 이해하는 방법은 다음과 같다.

만약 당신이 BPD(파편화된 개인이 가장 흔히 받는 진단) 진단을 받았다면, 이는 단순히 당신이 매우 강한 도움 요청 부분과 매우 강한 투쟁 부분을 지니고 있음을 의미한다. 이것은 당신이 분리, 고립, 실망, 외로움을 견디기 어렵게 만들며(도움 요청 부분) - 누군가가 도움 요청 부분을 뒤엎어 놓을 경우, 분노와 자기 자신을 다치게 하려는 충동을 견디는 것도 어렵게 만든다(투쟁 부분). 당신은 직장에서, 혹은 부모로서 잘 기능할 수도 있지만, 이러한 부분들이 직장 및 가정에서 촉발되면서 당신의 일을 더욱 어렵게 만들 수도 있다.

　　만약 해리장애 진단을 받았다면, 이는 당신이 보다 명확하게 알아볼 수 있을 정도로 구획화되어 있으며 부분들의 감정 및 충동에 사로잡히는 경험(예를 들어, 투쟁 부분의 강렬한 분노, 혹은 복종 부분의 무망감과 수치심)을 더 많이 가지고 있다는 것을 의미한다. 다만 당신이 왜 이렇게 강렬한 느낌이 그렇게도 빠르게 다가오는지를 이해하지 못하고, 그로 인해 자기 자신이나 타인을 비난하게 되더라도, 당신은 자기 자신이 말하거나 행동한 것에 대해서는 자각하고 있다.

　　당신이 해리성 정체성장애 진단을 받았다면, 트라우마－관련 부분의 수가 더 많을 뿐만 아니라, 일상을 이어나가는 자아 또는 이것의 우선 사항을 돌보는 자원 부분도 지니고 있을 가능성이 높다는 것을 의미한다. 이것의 예로는 직업적 부분, 양육하는 부분, 특별한 재능이나 사회적 기술 부분 등이 있다. (그림 7-4 참고)

그림 7-4 "일상" 자아로부터 도움받기

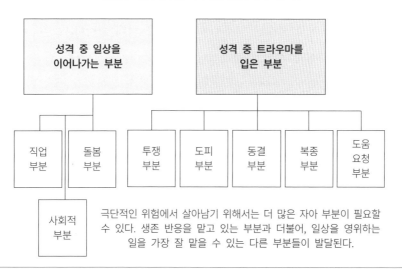

해리성 정체성장애의 경우, "일상을 이어나가는" 부분도
파편화될 수 있으며, 이것이 일상에서 겪는 어려움에 필요한
자원을 제공해주는 부분을 발달하게 한다.

| 성격 중 일상을 이어나가는 부분 | 성격 중 트라우마를 입은 부분 |

| 직업 부분 | 돌봄 부분 | 투쟁 부분 | 도피 부분 | 동결 부분 | 복종 부분 | 도움 요청 부분 |

사회적 부분

극단적인 위험에서 살아남기 위해서는 더 많은 자아 부분이 필요할 수 있다. 생존 반응을 맡고 있는 부분과 더불어, 일상을 영위하는 일을 가장 잘 맡을 수 있는 다른 부분들이 발달된다.

From van der Hart, Nijenhuis, & Steele, 2006

> 워크시트 21: 구조적 해리의 신호를 활용하여 자신의 파편화 경험에 대해 살펴보자. 다양한 성격 부분들로 인해 일상적으로 경험하게 되었던 다양한 반응들을 떠올려보는 것이 도움이 되는지 살펴보라. 특히, 당신 내면의 투쟁이나 모순적인 반응을 알아차리게 되면, 당신의 부분들 사이에 존재할 수 있는 갈등에 대해 호기심을 기울여보라.

더불어, 해리성 정체성장애를 지닌 사람의 부분들은 각기 자신의 삶을 갖고 있다: 이들은 의식적인 자각 너머에서 몸을 장악하고 행동할 수 있다. 해리성 정체성장애의 핵심적 지표는 당신이 기억하지 못하는 채로 행동하고 말한 증거가 있다는 것이다. 즉, 당신이 분명히 참여했던 특정한 활동이나, 몇 시간에서 며칠을 기억해내지 못한다.

성공한 조직 자문위원인 Celia는 자신의 이력서를 갱신하던 중, 자신의 기억에는 없는 1990년도 수상 이력을 발견하고 깜짝 놀랐다. 그녀는 수상이력을 기억하지 못할 뿐만 아니라, 무얼 해서 이걸 받게 됐는지도 기억할 수가 없었다! 그녀는 오랫동안 자신에게 해리성 정체성장애가 있을지 모른다고 의심해왔는데, 이러한 상황은 그 생각을 확인시켜주는 것처럼 보였다. Annie 역시, 가장 오래된 친구로부터 앞으로 절대 연락하지 말라는 편지를 받았을 때 자신의 해리성 정체성장애의 고통스러운 증거를 발견하게 되었다. "나는 네가 지난주에 나에게 했던 말을 절대 용서하지 않을 거야 – 잔인한 말이었고, 난 더 이상 상처받고 싶지 않아." 최근에 그에게 말을 한 기억이 없었기에, 자신이 왜 그에게 화가 났었는지, 그리고 무슨 말을 했었는지를 상상할 수조차 없었다.

구조적 해리의 증상과 징후를 인식하기

구조적 해리 모델은, 플래시백이나 무감각처럼 상대적으로 흔한 PTSD 증상과 더불어, 파편화, 이인증, 신체 이탈 경험, 통합의 실패, 그리고 성격 부분들 간의 내적 갈등 모두가 트라우마 경험의 유산으로 간주될 것이라고 본다.

만약 구조적 해리가 당신에게도 해당되는지가 확실치 않다면, 아래의 일반적인 사항들이 당신의 삶에서 문제나 어려움이 되고 있는지에 대해 살펴보는 것부터 시작해 보라.

- 치료로부터 얻는 이익이 제한적임. 치료자에게 도움을 청했으나, 치료로부터 대단한 진전이나 명료함을 얻지는 못했다. 혹은 더 좋지 못한 경우, 치료가 지지적이고 도움이 되기보다는 험난했거나, 혼란스러웠거나, 압도적이기도 하며, 당신의 증상이 경감되는 것이 아니라 더욱 심화되기도 한다.

- 신체적 증상들. 비일상적인 양상의 통증 내성 및 통증에 대한 민감성을 지니고 있거나, 편두통이 있거나, 수면에 대한 욕구가 비일상적인 수준이면서도 동시에 충분히 쉬었다고 느끼지는 못한다. 때로 현기증, 메스꺼움, 구토로 인해 힘들어하며, 정신과적 약물이 그다지 도움이 되지 않는다(부작용이 심하거나 단순히 약물이 효과를 보이지 않거나).

- 기억 증상들. 하루를 어떻게 보냈는지에 대해 기억하기 어려워하거나, 함께 했던 대화 및 활동을 다른 사람들은 기억하고 있으나 자기 자신은 기억하지 못한다는 것을 깨닫게 될 수 있다. 취하거나 약물을 사용한 상태가 아닌데도 블랙아웃이 되는 경험을 하거나, 직장에서 집으로 향하는 익숙한 장소에서 운전을 할 때에도 종종 길을 잃을 수 있다.

- 미묘한 방식으로 나타나는 파편화. 흔히, 혹은 때로 압도되거나, 버려졌다고 느껴지거나, 우울하거나, 수치스럽거나, 자살 충동이 일며 자기-파괴적이 되는 데 반해, 직장에서나 부모로서는 잘 기능한다.

이 부분들 중 어느 하나라도 해당되는 것이 있다면, 당신이 구조적 해리를 처리하고 있을 가능성이 높다. 구조적으로 해리된 개인이 겪는 핵심적인 어려움은 파편화된 부분들에 트라우마-관련 촉발요인이 미치는 영향이다. 촉발요인은 다른 부분들을 이용해 일상을 트라우마로 강탈해가며, 이는 결국 트라우마-관련 부분과 일상을 이어나가는 부분 간의 내적 투쟁을 초래한다. 예를 들어, 그날의 "할 일" 목록을 완수하고자 하는 것이 집을 나가기 두려워하는 부분에 의해 제한되거나, 친밀감과 우정을 더 쌓고자 하는 소망은 관계를 맺는 상대를 믿지 못하는 투쟁 부분에 의해 방해받는다. 이러한 내적 투쟁은 생각하고, 결정을 내리고, 당신의 증상과 충동을 조절하는 데에서의 일련의 어려움으로 드러날 것이다. 다음은 구조적으로 해리된 부분들이 당신의 삶에서 나타날 수 있는 다양한 방법을 상세히 설명해주는 좀 더 구체적인 목록이다.

• 아이 부분이 있다는 증거. 당신의 나이와 상관없이, 때로 자신이 작다고 느끼거나 자신의 몸짓이 어리게 느껴진다. 때로 갑작스럽게 말하는 능력을 잃거나, 거절되고 버림받는 것을 지나치게 걱정하거나, 홀로 있는 것을 어려워하거나, 기본적인 활동(예를 들어, 쇼핑, 요리, 운전, 컴퓨터 켜기)을 하는 데 도움을 필요로 한다.

• 주저하는 태도. 사소한 일상의 의사결정조차도, 그리고 활동, 관계, 직업에 전념하는 것도 어려워한다. 약속을 하고 나면 마음이 바뀌거나, 매우 쉽게 새로운 직업 또는 관계를 시작하고 나서 이를 망가뜨려버리는 패턴을 발견했을 수도 있다. 때로는 매우 책임감 있기도 한데, 특히 타인과 관련된 것일 때 그러하며, 다른 때에는 매우 무책임하고, 이 경우 대개 자신과 관련된 것이다.

• 자기-파괴적이고 중독적인 행동 패턴. 자신의 가족, 직업, 또는 삶에 헌신하고 있음에도 불구하고, 절대 선택하지 않을 행동을 하고 있는 자신을 발견하게

된다. 예를 들어, 당신의 일상을 이어나가는 자아는 더 이상 밤에 폭식하지 않겠다고 맹세할 수 있으나 − 그러고 나서 몇 시간 뒤에, 파인트 아이스크림 반을 먹어치우고 있는 자신을 발견하게 될 수 있다.

• "지금, 여기에 있는 것 − 현재의 순간에 있는 것"의 어려움. 당신의 일상을 이어나가는 자아가 과거에 대해 생각하는 걸 피하려고 하는 반면, 트라우마−관련 부분은 위험, 두려움, 분노, 슬픔, 또는 외로움에 만성적으로 사로잡힌다.

• 부분들의 압도적인 감정과 충동을 진정시키는 것, 심지어는 조절하는 것에서의 어려움. 일상이 매우 안전하고 안정적일 때조차도, 트라우마−관련 부분들은 트라우마의 촉발요인을 당신이 어린 시절에 겪었던 패배, 모욕, 유기와 똑같은 위험에 처해있다는 신호로 해석할 수 있다.

Geraldine이 구조적 해리에 대한 이러한 정보를 받았더라면 이 모델이 마음에 와닿는다고 느꼈을 것이다. 그녀가 경험한 공포와 취약성은 자신이 평소 알고 있던 자신이 아닌 것처럼 느껴지게 했다. 하지만 그 어떤 치료자도 그녀가 이를 이해하거나 상황을 바로잡게끔 도울 수 없을 것처럼 보였다. 자신의 상태를 "신경쇠약"이라고 부르던 중, Geraldine은 통증 완화에 도움이 되는 것을 발견하게 되었다. 그녀는 발치를 한 이후에 자신의 육체적 고통을 덜어줄 뿐만 아니라 몸을 진정시켜 주며 감정을 견딜 만하게 만들어주는 아편류 진통제를 처방받았다. 곧, 그녀는 매일, 그리고 하루에도 몇 번씩 진통제를 복용하게 되었다. 그녀는 중독된 상태이면서도 그렇다는 것을 알지 못했다. 이것이 그녀의 도피 부분에 의해 작동되는 행동이었기 때문에, 의식적으로는 그 행동에 대해 알고 있었음에도 불구하고 이 약이 자신을 해칠 거라는 생각이 일상을 이어나가는 자아의 마음을 결코 스쳐 지나가지 못했기 때문이었다. 자신의 딸이 똑같은 약물을 사용한다고 했더라면 그것이 위험한 행동임을 알 수 있었을 것이나, 약물−복용은 자신의 도피 부분의 충동이었기에 온전히 접촉할 수가 없었다.

트라우마—관련 부분들이 촉발되면, [그림 7−5]에서 볼 수 있는 것처럼 각 부분들은 서로 다른 동물적 방어를 반영하는 특징적인 행동들을 통해 반응한다. 얼어붙는 부분은 광장공포증이 될 수 있고, 복종하는 부분은 수치심과, 우울감, 그리고 무망감에 물든 채로 침대에 틀어박히게 할 수 있으며, 과각성된 투쟁 부분은 과민성, 불신, 조심성을 지니고 타인을 밀어내려 할 수 있다. 한번 아이의 통제감을 증가시켰던 자살 경향성/자해 부분("상황이 너무 나빠지면, 내가 죽어버릴 수도 있어. 잠들고는 다시는 깨어나지 않을 수 있어.")은 위협이나, 상실, 취약성에 의해 촉발될 때의 강력한 자기−파괴적 충동을 지속시킬 수도 있다 − 심지어 투

그림 7-5 내가 누구인지를 알아내기

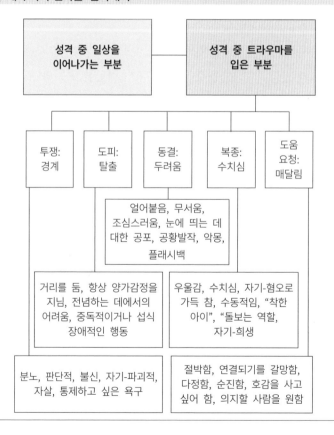

쟁 부분에게는 다른 부분의 취약성을 견디는 것조차 어려울지 모른다. 도피 반응은 중독 행동, 섭식 장애, 성 중독, 이외에도 압도적인 트라우마-관련 느낌과 감각으로부터의 다른 안도감(또는 "도피")의 원천을 불러일으킬 수 있다. 그러고 나서, 투쟁이나 도피 부분의 행동화에 따라, 도움을 요청하는 부분은 버리지 말아 달라고 애걸하는 반면, 복종하고 매달리는 부분은 수치심과, 우울감, 자기-혐오로 가득 차게 될 수 있다. 흔히, 생존자들은 이 모든 다양한 느낌 및 반응들에 의해 혼란스럽고, 무력해지며, 압도당하기까지 한다. 삶은 더욱 통제 불능인 것처럼 느껴지며, 덜해지지는 않는다.

워크시트 22: 부분의 언어로 말해보기를 통해, 부분의 언어로 말하는 것과 더불어 부분의 느낌 및 충동에 섞여버리지 않는 것을 연습해보자. 당신이 자기 자신으로부터 알아차리게 된 느낌이나 반응을 왼쪽 열에서 확인해보고, 그러한 느낌들을 각 부분이 사용하는 언어로 해석하여 오른쪽 열에 적어보라.

트라우마-관련 해리 및 파편화된 부분들에 대한 작업 준비

앞 장에서 배웠던 것과 같이, 트라우마 기억에 대한 과학적 연구는 자발적으로 일어나는 촉발과 의도적인 회상 둘 모두 자율신경계의 활성화와 전전두엽 피질 또는 생각하는 뇌의 비활성화를 일으킨다는 것을 알려주었다(van der Kolk, 2014). 우리는 위험에 빠졌다고 느끼면서도 실제적인 위협의 수준을 변별해내기 위한 능력은 잃어버린 상태이다. 우리의 생존 반응(두려움, 수치심, 호흡곤란, 몸의 긴장, 물러나기, 힘 빠짐, 격노, 숨고 싶은 충동, 심지어는 무가치감과 실패감)의 반복된 재활성화는, 트라우마를 상기시키는 것에 더욱 자동적으로 반응하게끔 뇌와 몸을 점점 더 민감하게 만든다. 이는 악순환으로 흘러갈 수 있다 - 몸뿐만 아니라 트라우마-관련 부분들까지도 촉발되는 경우 더욱 악화될 것이다.

우리가 파편화의 문제를 해결하고 악순환을 끊기 위해서는, 먼저 전전두엽 피질을 "켤" 수 있어야 한다. 알아차리는 뇌가 없이는, 트라우마 회복을 작업하는 것이 불가능해진다. 이 책에 실린 도표와 워크시트를 활용하여 촉발요인과 촉발되는 것, 인내의 창, 구조적 해리 모델에 대해 자기 자신에게 계속하여 상기시켜주라. 다음의 제언들을 마음에 간직하고 연습해보면 트라우마-관련 부분의 감정이나 충동에 휩쓸리지 않고 이를 관찰하기 위해 전전두엽 피질을 사용하는 데 도움을 받을 수 있다.

1. 당신의 강렬하고도 거슬리는 감정, 생각, 그리고 충동들을 각 부분들로부터의 의사소통이라고 가정해보라, 무감각과 힘 빠짐도 마찬가지이다. 이는 지나친 단순화일 수도 있으나, 이 모든 괴로움이 당신의 전체적인 자아가 느끼는 상처와, 분노, 수치심, 또는 두려움을 반영하는 것이라고 가정하는 것보다는 안전하다. 아이와 성인은 괴로움을 다른 방식으로 다룬다. 성인의 경우, 우리는 감정을 진정시키고 조절할 방법들을 더 많이 지니고 있으며 우리 자신을 표현하는 데에서도 더 많은 통제력을 지니고 있다. 트라우마를 입은 아이로서의 부분은 괴로움에 따라 행동하거나 반응하는 것 이외의 대응 방법을 지니고 있지 않으며, 실제적인 안전 수준을 현실적으로 검증할 능력이 없다.

이 부분이 트라우마 활성화를 위험으로 해석하고, 당신도 마찬가지로 반응한다면, 이 부분은 위협에 대한 감각을 더욱 강화시켜갈 것이다. 하지만, 괴로움을 우리 자신의 더 어린 부분으로부터의 의사전달로 인식한다면, 이러한 느낌이나 충동, 또는 느낌의 부재와의 관계를 변화시킬 수 있게 된다. 우리는 압도당하는 대신 보다 호기심과 관심을 가져볼 수 있는데, 우리가 이미 알고 있는 것처럼, 호기심은 전전두엽 피질 활동을 증가시키는 데 도움이 된다. 이러한 트라우마-관련 부분으로부터의 감정적·생리적 정보에 당신의 마음과 몸이 매 순간 영향을 받고 있다는 것을 인식하는 것 또한 생각하는 뇌를 자극해준다. 부분들이 촉발되고 있다는 신호를 당신이 일단 인식할 수 있게 되면, 생각하는 뇌가 좀 더 잘 작동되기 시작하고, 신경계가 안정되며, 당신이 이러한 부분들을 진정시키고 희망을 가져올 수 있게 된다.

2. 트라우마를 입은 부분과 일상을 이어나가는 자아를 구별하는 것을 연습해보라. 만약 우리가 연대기 순으로 현재 성인의 연령에 있다면, 얼마나 고갈되고, 의기소침해져 있고, 기능할 수 없다고 느끼든 간에, 우리 모두는 성인으로서의 자아를 가지고 있다. 통제할 수 없다고 느껴지는, 부분들의 압도적인 감정이나 이해할 수 없는 행동에 당신의 주의가 쏠려있기 때문에, 당신은 자신의 일상을 이어나가는 자아를 거의 의식하지 못할 수도 있다. 혹은, 생각하고, 지식과 기술을 습득하고, 타인을 돌보거나 과제를 완수하는 능력 등의 성인으로서의 특정한 기술들에 대해 알고 있으면서도, 이러한 상태를 보다 안정적이고, 사려 깊고, 기능적인 자아가 아닌 거짓 자아로서 경험할 수 있다.

　일상을 이어나가는 부분이 현재 당신의 삶에서 어떤 역할을 하고 있는지를 간략하게 확인해보는 것도 흔히 도움이 된다. ― 여기에는 예를 들면, 일하러 가는 것, 아이를 돌보는 것, 외부 세계와 연결되는 것, 친구들과 무언가를 하는 것, 그리고 취미생활을 하는 것 등이 있다. 자기 자신이 무능력하고 거짓된 것처럼 느껴지더라도, 이러한 활동들이 당신의 일상을 이어나가는 자아가 살아있으며 잘해나가고 있다는 걸 보여주는 증거임을 믿어주라.

　그리고 나서는, 그럼 어떤 것이 그러한 자아가 아닌지를 알아차려보라. ― 여기에는 예를 들면, 직장에서 자기 자신이 보잘것없게 느껴지고 압도될 때나, 친구 또는 파트너와 축하를 위한 식사 자리에 갔을 때 무망감과 우울감을 느끼는 경우 등이 있다. 취약한 느낌은, 트라우마를 입은 아이 부분처럼, 당연히 보다 어리고 더욱 압도적으로 느껴지는 부분에 속한다고 가정하도록 하라. 상사에게 화가 나고 빈정거리게 되는 경우, 이것은 당신의 일상을 이어나가는 자아인가? 권위적 인물에게 분노하고 결과에 대해 고려하지 않는 건 어떤 부분인가? 어떤 연령이나 삶의 단계에서 이것이 특징적인 행동이나 사고방식이었겠는가? 우리는 몇 살 무렵에 버림받기나 사랑받지 못하는 것에 대해 걱정했을까? 어떤 행동이나 반응이 자신의 일상을 이어나가는 자아와 들어맞고, 또 어떤 것이 다른 연령과 어린 시절의 단계에 수반되는지를 구별하다 보면, 자신의 트라우마를 입은 자아를 이해하기가 보다 수월해질 것이다. 이것이 일부러 당신의 삶을 복잡하게 만들어온 것은 아니다. 촉발되었던 것이고, 그것이 지닌 감정과, 행동, 반응은 악의가 아니라 두려움에 의해 움직여왔다. 다른 보통의 어른들과 마찬가지로, 일상을 이어나가는 부분은 보다 어린 연령의 사람들이 안전하고, 안정되고, 보호받는 느낌을 받도록 돕는 일을 맡고 있다 – 이것은 언제나 이해하는 것에서부터 시작된다. 아이들이나 아이의 부분이 설명을 듣고 이해할 수 있을 때, 더 안전하다고 느끼게 된다.

3. 부분들의 언어로 말해보라. 부분들의 언어를 익히고, 증상, 갈등, 거슬리는 감정, 충동적인 행동, 또는 행동할 수 없는 것을 부분들의 의사소통으로서 이해하게 되면, 그러한 부분들의 순간-순간의 반응을 알아차리고 이에 호기심을 기울이는 일이 보다 쉬워진다. 덧붙여서, 이것은 "탈혼합(unblending)"(Schwartz & Sweezy, 2020)이라고 불리는 또 다른 중요한 기술을 개발하는 데에도 도움이 된다. 부분의 감정적 반응에 의해 넘쳐흐르게 될 때면, 우리 대부분은 그것에 "혼합(blending)"된다. 우리는 "나(I)" 언어를 사용하는 경향이 있는데, 이것은 부분의 반응을 비롯하여 그 부분에 대한 우리의 동일시를 강화시키고, 우리가 부분의 느낌과 충동에 따라 행동하게 될 가능성을 증가시킨다. 우리는 불안, 분노, 또는 수치심을 느끼면 그것을 나의 느낌이라고 부른다. – 예로, "나 오늘 엄청 불안해." 또는 "나는 아주 우울해." 등이 있다. 그리고는 현재

의 맥락에 맞추어 그 느낌을 해석하려고 한다. "내 생각엔 취업 면접을 앞두고 있어서 그런 것 같아." 그리고 종종, 우리는 부분들의 의사소통을 어떻게 해석했는지에 따라 행동한다. "아마 취업 면접을 취소해야 할 것 같아 − 난 정말로 그 일이 필요한데."

Guiliana는 자신이 이루어질 수 없는 종류의 남자들에게 매력을 느끼며(그녀의 "생존을 위한 애착" 부분), 자신에게 끌리는 게 확실한, 특히 친절하고 친밀해지고 싶어 하는 남자들에게는 거부감을 느낀다는(투쟁 및 도피 부분) 것을 알게 되었다. Guiliana의 일상을 이어나가는 자아는 일반적으로 상당히 요령이 있는 편이었음에도 불구하고, 만날 만한 남자는 지루해하거나 질색하며 밀어내었고(투쟁 부분), 반면에 이루어질 수 없는 남자들을 만나는 것에 대해서는 늘 정당화하려 하곤 했다(애착 부분). 평소 그녀는 혼자라 느끼며 외로워했다. 45세가 되자, 그녀는 배우자와 가정을 갖기를 갈망했다. 하지만, 당면한 순간마다 반응하는 여러 부분들에 자동적으로 혼합되어버렸기 때문에, 관계와 관련된 끝없는 내적 갈등을 해결할 수가 없었다. 다양한 반응들을 각각 부분으로서 이름짓기 전까지는 말이다. "나의 한 부분은 Dennis가 내가 항상 바라왔던 것처럼, 나를 얼마나 인내하고 사랑하는지에 대해 감사하게 여겨요. 나의 다른 부분은 그를 지루하다고 생각하고, 또 자기는 그에게 전혀 끌리지 않는다고 불평하는 부분도 있어요. 어떻게 끌리지 않는 남자와 함께 할 수 있겠어요? 나는 그걸 믿어버리는 경향이 있어서, 그럴 때면 우리가 처음 만났을 때 내가 그에게 얼마나 끌렸었는지를 기억해야만 해요. − 그리고 무엇보다도 제가 관계에서 원했던 것인, 사랑과 존중을 기억해야 하고요."

우리가 부분의 언어를 사용한다면, 이것이 고통스러워하고 있는 부분임을 알아차리기가 좀 더 쉬워질 것이다. "나 우울해."라는 말은 몸과 마음 전체가 우울하다는 것을 확인하는 것처럼 보이지만, "나의 어떤 부분은 우울해."라고 말하는 것은 그 부분에 대한 공감을 표현하면서, 동시에 우울하지 않은 다른 부분들도 있다는 것을 보여준다. 부분의 언어는 자기연민을 촉진시키기도 한다. 분노, 외로움, 또는 수치심이 어린 부분들의 의사소통으로서 이해된다면, 우리가 이러한 느낌에 좀 더 공감할 수 있게 될 것이다.

혼합과 탈혼합을 내담자에게 가르치기 위해서는, 치료자로서 상당히 색다른 역할을 맡을 필요가 있다. 트라우마와 관련된 감정에 공감하고 내담자가 이것에 머물러보도록 돕는 대신에, 우선 감정으로부터 마음챙김적으로 거리를 두는 것을 배울 수 있게 도와서, 이것을 특정 부분이 지니고 있는 암묵적이고 비언어적인 기억으로서 호기심을 가져보도록 하며, 그 후에는 고통스러운 감정에 호기심을 갖게 하기 위해 부분의 언어를 사용해야 한다. "그 부분은 지금 날이 너무 일찍 어두워져서 불안해해요." 자신이 혼합되고 또 탈혼합되는 것을 인식하는 방법을 배우고 나면, 내면의 투쟁을 좀 더 이해할 수 있게 되며, 어떤 한 부분 또는 부분들에 따라서 결정이나 결론을 내리는 것을 피할 수 있게 된다.

때로, 내담자들은 전문가들로부터 부분의 언어가 해리나 파편화를 악화시킬 수 있기 때문에 사용하지 말라는 말을 듣기도 한다. 그것이 사실이라면 그러한 염려를 이해할 수 있겠지만, 우리가 생각, 느낌, 신체적 반응을 알아차려 보고, 그것을 부분들이 표출되는 것이라고 명명할 때면, 실제로는 뇌에서 통합적 활동이라 불리는 것을 촉진시킨다. 만약 우리가 이것들을 우리 전체의 일부로서 살펴보고 변별해보지 않는다면, 자신의 부분들을 통합시키기 어려울 것이다.

부분들을 돕는 방법을 배우기

다음으로는 더 능숙하게 당신의 부분들을 도와주거나 진정시키는 것에 대해 다뤄볼 것이다. 이것들은 당신의 신경계와 부분들이 덜 압도되고, 덜 반응하며, 덜 무감각해지도록 돕는 많은 방법들 중 몇 가지에 불과하다. 트라우마 반응이 점차 덜 격렬해지면서, 촉발요인에 대한 당신의(그리고 부분들의!) 반응 역시 서서히 줄어들게 된다.

- 워트시트 15의 10% 해결책을 활용해보자. 어떤 것이 당신뿐만 아니라, 부분들에게 가장 도움이 될지를 살펴보라.
- 신경계를 조절하고 모든 부분들을 돕기 위해, 감각운동 심리치료(Ogden & Fisher, 2015)에서 신체적 자원을 활용하는 방법을 배워보라. 예를 들면, 바닥에 있는 발을 느껴보는 것을 통해, 부분들이 겁에 질려 있을 때조차도 당신이 땅에 발을 잘 디디고 서 있다는 것을 부분들에게 전달할 수 있다. 심장 위에 손을 얹는 것은, 두려워하거나 외로워하는 부분들에게 누군가가 지지하고 있다는 신호를 줄 수도 있다. 척추를 길게 늘리면서 턱을 가볍게 들어 올리는 것은 무망감 부분에 희망을 전하거나, 무가치감을 느끼는 부분의 수치심을 줄이는 데 도움을 줄 수 있다.
- [그림 7−6]에서 보여주고 있는, 내면가족체계(Schwartz, 2001)의 8C를 연습해보자. 우리가 얼마나 많은 트라우마를 경험했는지와 상관없이, 모든 인간은 호기심(curious), 평온함(calm), 명료함(clear), 연민(compassionate), 창의성(creative), 용기(courageous), 연결감(connected), 자신감(confident)을 지닐 능력을 품고 있다. 이러한 소질은 절대 잃어버릴 수 없다. 대개, 특정 부분에게 자리를 비켜달라고 하거나 뒤로 물러나 달라고 하는 것만으로도 자연스럽게 이와 같은 소질들을 불러일으킬 수 있으며, 그저 그 부분에 대해 좀 더 호기심을 갖고, 보다 연민을 갖고, 그 부분을 다루는 과정에서 좀 더 창의적으로 접근해보거나 평온해져 보려고 시도하는 것도 도움이 된다.
- 내면의 의사소통과 협력을 키우는 방법을 배워보자. 트라우마를 입은 부분들은 어떤 사람도 믿을 이유가 없으며, 어떤 관계를 쌓지 않고서는, 그리고 당신이 그들과 함께 있으며 그들을 위하고 있다는 걸 이

그림 7-6 8C

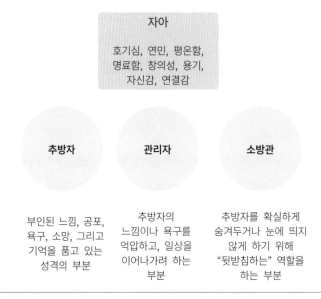

내면가족체계 모델에서는, 모든 다양한 느낌과 반응들이 부분들 간의 의사소통이라는 가정하에 자아라는 것이 만들어지고 강화된다.

자아

호기심, 연민, 평온함, 명료함, 창의성, 용기, 자신감, 연결감

추방자	관리자	소방관
부인된 느낌, 공포, 욕구, 소망, 그리고 기억을 품고 있는 성격의 부분	추방자의 느낌이나 욕구를 억압하고, 일상을 이어나가려 하는 부분	추방자를 확실하게 숨겨두거나 눈에 띄지 않게 하기 위해 "뒷받침하는" 역할을 하는 부분

Schwartz & Sweezy (2020)에서 각색함

해하기 전까지는 당신의 일상을 이어나가는 자아를 신뢰하지 않을 것이다. 혼잣말로 나 자신(부분들)에게 질문하는 연습을 해보라. "만약 _____라면 뭐가 걱정돼? 죽는 게 어떤 식으로 도움이 되는 거야? 희망이 없다고 느끼는 게 나한테 어떻게 도움이 되는 거지?" 부분들이 언제나 좋은 의도를 가지고 있으며, 그저 위협적으로 느껴지는 세상에서 당신을 구하기 위해 노력하고 있는 것이라고 가정해보라. 부분들을 특정 사건과는 연관짓지 말라. 이것들은 당신이 사건들로부터 살아남을 수 있도록 돕기 위해 발달되었지만, 부분들은 생존과 관련이 있는 것이지, 사건과 관련이 있는 것이 아님을 기억해야만 한다.

워크시트 23: 당신의 "C" 소질 강화시키기를 활용해 자신의 "C" 소질을 탐색하고, 인식하고, 강화시켜보자. 자신에게는 특정한 소질이 없다고 생각한다면, 자기 자신에게 다음과 같이 물어보라. "내가 살면서 단 1분이라도 궁금해한[또는 연민을 가져보거나, 용기를 내본] 적이 있었던가?" 소질을 갖추기 위해 그걸 사용해야 할 필요는 없으며, 워크시트에 실려 있는 내용이 당신에게 보탬이 될 "C" 소질을 키워줄 것이다.

트라우마가 과거의 경험처럼 느껴지려면, 촉발요인을 직면했을 때에도 자각과 현존을 유지하는 능력과, 일상적인 기복을 견뎌내는 능력, 그리고 모든 부분들이 몸 안에서 안전하다고 느낄 수 있도록 돕는 능력을 얻어야 한다. 이 작업에는 시간과 연습이 필요하지만, 일단 당신이 지금 여기에 있을 수 있게 되고 부분들이 당신과 함께 할 수 있도록 도울 수 있게 된다면, 트라우마가 끝났다고 느끼게 될 것이며, 당신은 그것을 아주 오래전에 일어난 일로서 경험할 수 있게 될 것이다.

어떤 느낌이 특정한 부분과 어떻게 연결되어 있는지를 알아차릴 때마다 ― 특정 부분의 연령이나 마음의 상태에 유착되고, 호기심을 느끼거나, 그것을 현재의 촉발요인에 연결해볼 때마다 ― 당신은 자신이 자기 전체의 모든 측면을 볼 수 있게끔 돕고 있다. 어떤 부분은 거부하거나 무시하고, 나머지 부분을 자랑스러워하는 게 아니라 ― 자기 자신의 모든 측면들을 환영하는 것이다. 우리가 다음 장에서 보게 될 것처럼, 당신은 치유와 해결이 이루어질 무대를 만들고 있다.

WORKSHEET 19   구조적 해리 모델

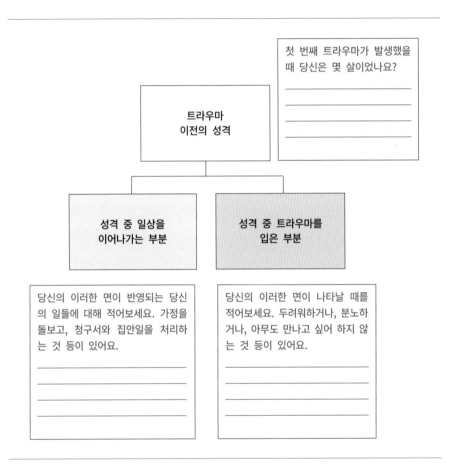

WORKSHEET 20　트라우마를 입은 부분들을 확인하기

많은 트라우마 사건이 일어나는 경우에는, 개인이 직면하는 위험에 다양한 방식으로 방어할 수 있는 부분들을 동원하기 위해 더 많이 분열되는 것이 필요합니다.

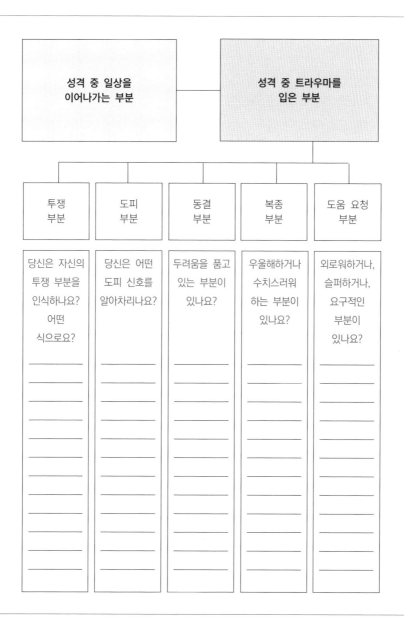

WORKSHEET 21   구조적 해리의 신호

아래의 설명에서 당신의 다른 면들을 알아차려 볼 수 있습니다. 해당되는 항목을 확인해보고, 그러한 느낌이나 행동이 어떤 부분에 속할 것 같은지를 기록해보세요.

☐ 어떤 상황에서는 기능할 수 있지만 다른 상황에서는 기능할 수 없다

☐ 압도적인 감정들

☐ 갑작스럽고 격렬한 신체적 또는 감정적 반응

☐ 종종 내가 하는 말과 행동을 통제할 수 없다고 느낀다

☐ 불안이 나의 삶을 지배한다

☐ "나를 이해할 수가 없는" 느낌

☐ 자기 자신을 다치게 하는 것을 멈출 수 없다

☐ 음주나 약물 사용을 멈출 수 없다

☐ 미래에 대한 계획을 가지고 있으면서도 살고 싶지 않다

☐ 나의 몸을 통제할 수 없다고 느낀다

☐ 결정을 내릴 수 없다

☐ 타인에게 받아들여지는 것에 대해 자신이 없다

☐ 누구도 믿을 수 없거나 너무 쉽게 믿어버린다

☐ 버림받는 것에 대한 공포

☐ 정신이 없는 상태

☐ 우울이 나의 삶을 지배한다

☐ 자기 자신을 증오한다

☐ 다른 사람들을 밀어낸다

☐ 너무 의존적이고, 지나치게 요구적이다

☐ 더 이상 내가 어떤 사람인지 모르겠다

☐ 기억력에 문제가 있다

이러한 다양한 반응들이, 당신의 다양한 부분들로부터의 의사소통이라고 생각한다면 어떻게 느껴지나요?

WORKSHEET 22　부분의 언어로 말해보기

왼쪽에서 당신이 가질 수 있는 느낌이나 반응을 확인해보고, 오른쪽에다 그러한 느낌들을 부분의 언어로 통역해서 적어보세요.

　　　　　　　　느낌 또는 반응　　　　　　　　　　　　　　통역

☐ "나는 우울해."　　　　　　　　　　　☐

☐ "나는 실패자야."　　　　　　　　　　☐

☐ "나는 죽고 싶어."　　　　　　　　　　☐

☐ "희망이 없어."　　　　　　　　　　　☐

☐ "나는 가치가 없어."　　　　　　　　　☐

☐ "아무도 나를 사랑하지 않아."　　　　☐

☐ "나는 나 자신을 다치게 하고 싶어."　☐

☐ "나는 괜찮아."　　　　　　　　　　　☐

☐ "난 단지 독한 술이 필요해."　　　　　☐

☐ "나는 그냥 이 모든 게 끝나기를 바랄 뿐이야."　☐

☐ "나는 아무도 믿지 않아."　　　　　　☐

☐ "나는 너무 화가 나서 폭발해버릴 것 같아."　☐

느낌이나 생각을 부분의 언어로 표현해보았을 때 다르게 느껴지는지를 알아차려보세요.

WORKSHEET 23 당신의 "C" 소질 강화시키기

이 워크시트를 사용해서, 당신이 지니고 있는 "C" 소질을 적어보고, 또 당신이 삶의 어떤 부분에서 이러한 것들을 가지고 있는지를 적어보세요. 그리고 이러한 소질들을 강화시킬 수 있는 방법들을 생각해보세요.

> **자아**
>
> **호기심, 연민, 평온함, 명료함,**
> **창의성, 용기, 자신감, 연결감**

호기심: _____

연민: _____

평온함: _____

명료함: _____

창의성: _____

용기: _____

자신감: _____

연결감: _____

기억하세요: 그 어떤 "C" 소질도 지니고 있지 않은 생각이나, 충동, 신체적 반응들은 언제나 부분으로부터 온 의사소통입니다.

치유와 해결

외상후 스트레스는 우리가 인간 포유류로서 갖는 생물학적인 유산을 보여준다. 트라우마 이후, 우리의 생존적 본능은 몸과 마음을 과거에 고정해두려 한다. 시각적인 이미지들은 반복적으로 재생된다. 우리의 감각은 잠재적인 위험을 감지하기 위해 고조되고, 위험을 예상하며 소리, 시야, 그리고 타인에게 반응하게 된다. 모든 감정적·신체적 반응 역시 고조되며, 우리는 자기 자신이 너무 격렬하게 반응하거나, 혹은 반대로, 전혀 반응하지 않고 있다는 걸 발견하게 될 수 있다. 갑작스럽게, 극도의 수치심을 느끼거나, 말을 할 수 없게 되거나, 온 힘을 다해 거부하고 싶어질 수 있다. 흔히, 우리가 감지하거나 느끼는 것에 압도되거나, 설명할 수 없을 정도로 무감각해지며 모든 일이 고역처럼 느껴질 수 있다. 때로는, 우리가 모든 것들에 어떻게 반응하게 될지에 대해 예측할 수조차 없다.

트라우마는, 사건이 발생했으며 거기에는 시작과, 중간, 그리고 끝이 있었다는 것을 거의 이해하지 못하게 만든다. 여기에는 살아남았다는 것에서 오는 본능적인 안도감이 존재하지 않는다. 과거는 "트라우마 사건은 끝났고 ― 그건 이제 지나간 일이며 ― 난 살아남았다."와 같은 명확한 느낌으로 해결되거나 통합되지 못했다. 심지어는 수십 년이 지나서도, 트라우마를 경험한 사람은 자신이 이미 오래전에 안전해졌다는 것을 자각하지 못한 채로 다시 그 트라우마로 돌아가 얼어붙어 버릴 수도 ― 두려워하거나, 압도되거나, 무감각해지거나, 수치스러워하거나, 속수무책으로 격분하는 등 ― 있다. 당신이 머리로는 그 일이 끝났다는 걸 알고 있다 할지라도, 트라우마가 여전히 당신의 몸과 신경계에서 살아 움직이고 있기 때문에 여전히 안전하다거나 괜찮은 상태라고 느끼기 어렵다. 이 이야기에 결말이 없다는 점을 감안할 때, 생존자들은 어떻게 해야 완결이 나고 해결이 되었다는 감각을 얻을 수 있을까?

현재와 연결되어 있으면서 과거를 인정하기

수십 년간, 전문가들은 트라우마 사건을 기억해내고 다 끝났다고 느껴질 때까지 미해결된 감정을 재경험해야만 해결을 경험할 수 있다고 믿었다. 이는 물론 논리적인 믿음이지만, 트라우마 생존자들에게는 정반대의 효과를 미치는 치료적 접근이었다. 안도감 대신 수치심이 들었고, 압도적인 느낌과 자기-혐오가 증가하였으며, 자신의 몸을 공격하고 생을 끝내버리려 하는 충동이 일었다. 트라우마 분야가 시작된 이래 40년간, 이 분야의 전문가 및 생존자들은 과거를 재경험하는 것이 해결에 마찬가지로 도움이 되지 못하거나, 혹은 더욱 어렵게 만든다는 것을 고생 끝에 배우게 되었다.

이제 우리는 트라우마 치료가 효과적이기 위해서는, 어떤 방법을 사용하든 간에, 생존자들이 과거를 재경험하거나 심지어는 기억할 필요가 없다는 것을 알고 있다. 하지만, "그것"이 끝났으며 그들은 여전히 여기에 존재한다는 어떤 분명한 신체적·감정적 감각을 경험할 수 있어야 한다. 우리는 재경험을 하지 않고도 과거를 인정하며 그것이 남긴 유산을 돌아볼 수 있어야 한다. 트라우마 반응이 계속해서 우리의 관심을 불러일으킬지라도, 우리는 트라우마를 유지하게 하는 신체적 반응을 변화시키기 위해 마음에 있는 다른 장소들에 접근하는 방법과 심신의 자원을 활용하는 방법을 배워야 한다.

Bessel van der Kolk가 말했던 것처럼, 트라우마 치료의 목표가 "거기에 있는 것이 아니라 여기에 있기"라면, 모든 치료적 접근은 직·간접적으로 현재에 중점을 두어야 한다. 이 책은 트라우마 기반 치료를 대체하지는 못하지만, 당신이 지금 이 순간에 안전하다는 감각에 연결될 수 있도록 도와주는 재료들을 제공하기 위해 만들어졌다. 이는 간단한 일처럼 보일 수도 있지만, 그렇지 않다. 어려운 점은, 당신이 이제 알고 있는 것처럼, 기억의 암묵적이거나 비언어적인 측면들이 즉각적인 위험의 감각을 계속해서 재활성화시킨다는 것이다. 우리가 트라우마 사건을 기억하거나, 혹은 당장의 어떤 작은 단서에 의해 촉발될 때면, 우리의 몸은 우리가 지금 위험에 처해있는 것이 아니라 위험을 기억하고 있는 것임을 알지 못한 채로 자동적으로 위험에 대처하기 위해 움직이기 시작한다. 그리고 전전두엽 피질이 멈추며 몸이 생존 모드에 돌입하면, 우리는 자신이 느끼는 것을 이성적으로 분석할 수 없게 된다.

몇 주가 지나도록, Annie는 "좋지 않아요. — 모든 게 망가졌죠. 제 삶에는 스트레스가 너무 많아요. 아무것도 변한 게 없어요"라고 말했다. 그러나 내가 무슨 일이 있었는지에 대해 물어보자, 그녀는 다음과 같이 말했다. "전 오후를 조용하게 보낼 줄 알았는데, 제 대녀가 전화를 해서는 자기를 직장까지 태워다 달라고 하더군요…. 이제 거의 가을이 됐는데 — 전 겨울을 맞이할 준비가 안 되어 있어요…. 우린 여름내 한 번도 파티나 식사 자리가 없었어요 — 이제 누구도 우리 집에 오지 않는다고요." 이후의 논의에서, 대녀가 태워다 달라고 한 요청이 타인에게 이용당할지 모른다는 그녀의 우려를 촉발했고, 정원의 호스를 치우고, 낙엽을 그러모으고, 집의 배수로를 청소하는 등의 일들이 당장 처리해야만 할 비상사태처럼 느껴졌으며, 아이들이 30대에 접어들며 가족 간의 사회적 행사가 더뎌진 것은 아무도 자신을 원하지 않으며 자신이 중요하지 않은 존재라는 느낌을 촉발한 것임이 드러났다. 이와 같은 일상적인 삶에서의 스트레스들은 재앙의 위기에서, 이용당하면서, 홀로 고통스럽게 있었던 단절된 느낌의 기억을 촉발했다.

과거를 해결하기 위해서는 일어난 일에 대한 우리의 관계를 변화시키는 것이 필요하며, 이는 앞서 살펴본 내용에서 다루어왔던, 다음과 같은 기술의 발달을 통해 이루어진다.

- 트라우마 이후의 삶에서의 일상적인 스트레스와 암묵적 기억을 우리가 감내할 수 있을 정도가 될 때까지 인내의 창을 확장시키기. 과거든 현재에서든, 우리가 트라우마와 관련된 느낌을 좋아할 필요까지는 없지만, 그것들을 견뎌낼 수 있다는 감각을 느끼는 것은 필요하다. 현재에 머무르고, 충동과 감정을 조절하고, 생각하는 뇌가 깨어 있을 수 있게끔 유지할 힘을 갖추게 된다면, 압도적인 느낌을 재경험하거나 무감각해질 필요가 없을 것이다.
- 사건에 대한 이미지나 이야기를 기억하고 있는지와 상관없이, 느낌 및 신체적 상태인 암묵적 기억은 치료가 성공적으로 마무리된 이후라 할지라도 여전히 촉발될 수 있다는 걸 인정하기.
- 촉발적인 자극을 인식하고 촉발된 상태를 과거에 대한 반응으로 분류하는 것을 배우며("이건 느낌의 기억이거나 몸의 기억이야," "이건 촉발된 거야"), 있었던 일에 대한 합리적인 의문을 넘어서까지 증거를 찾아내려 하는 것을 자제하고, 자기 안에서 일어났던 모든 세부적인 것들에 대해 기억하려고 애쓰지 않기.
- 고통스러운 느낌이나 증상을 제거되어야 할 문제나 결함이 아니라 생존전략으로서 인정하기.

이 모든 근거들을 고려하여, 이 책에서 나는 당신이 자신의 몸과 뇌가 과거의 위험을 기억할 때를 알아차리도록 돕는 데 중점을 두었다. 그리고 우리가 그 위험한 환경과 안전한 애착을 맺을 수 없었던 부모에게 적응하기 위해 해냈던 것을 마침내 진정으로 이해할 수 있게 될 때, 트라우마의 촉발과 트라우마와 관련된 조건화에도 불구하고 현재를 온전히 살아가는 것이 가능해진다. 이를 통해 일어난 일에 대한 의미를 만들고, 우리가 어떻게 살아남았는지를 증명하는, 치유의 이야기를 가질 수 있게 된다.

Annie가 집안이나 정원을 돌보는 일과 관련해 느꼈던 위험한 감각은 그녀와 형제자매들이 집안일을 제때 마치지 못했을 경우 마주하게 되었던 위험에 대한 몸의 기억이었다. 그리고 이용당할지 모른다는 예상은 삶에서 어른들에 의해 성적으로, 신체적으로, 그리고 감정적으로 반복해서 이용당했던 아이가 갖는 느낌의 기억이었다. 거절하기를 어려워한 것은, 알코올 중독인 어머니가 스트레스를 받을 때까지 기다리기보다는 미리 돕는 것이 더 안전하다는 조건화된 학습이 반영되었기 때문이다. 외상적인 과거로부터 40여 년은 지났지만, 그 일이 끝난 것처럼 느껴지지는 않았다.

해결을 향한 길에서의 어려움을 극복하기

Bessel van der Kolk(2014)는 트라우마 치료를 위한 간단한 처방을 건넸다. 회복이란 "자신의 몸과 마음의 소유권을 다시 쌓아가는(p. 203)" 과정이다. 그리고 그 목표를 위한 4단계를 다음과 같이 열거하였다.

1. 침착하고 집중하는 상태가 되는 방법을 찾기
2. 과거를 떠올리게 하는 [촉발요인에도 불구하고] 차분함을 유지하는 방법을 배우기
3. 현재를 온전히 살아가면서 주변 사람들과 관계를 맺을 방법을 찾아보기
4. 나를 생존하게 했던 방법들을 포함해 나 자신에게 비밀을 갖지 않기

   (pp. 203 – 204)

"침착하고 집중하는 상태가 되는 방법을 찾기"란, 3장에서 우리가 언급했던, 트라우마를 해결하는 데에는 인내의 창을 확장시키는 것이 필요하다는 것의 또 다른 표현이다. 당신이 지닌 10% 해결책의 수를 늘리고, 촉발요인이 신경계와, 감정, 그리고 몸을 활성화시킬 때 이를 활용하는 방법을 배우면, 현재에서 괜찮은 상태라는 감각이 점진적으로 증가된다. 당신이 현재에 있게 되면, 그저 "내가

촉발됐구나"라는 걸 반복해서 알아차리고 있다고 하더라도, 일, 놀이, 휴식, 관계, 그리고 즐거움에 좀 더 집중할 수 있게 된다. 그리고 인내의 창이 확장되어 감에 따라, 대부분의 사람들은 자신이 일상과 관계에서 점차 덜 촉발되고 있다는 걸 느끼게 되며, 혹은 촉발된 상태에서 좀 더 쉽게 회복할 수 있게 된다.

트라우마 이후의 삶이라는 것은 다시는 촉발되지 않는 삶을 말하는 것이 아니다. 이는 촉발된다는 게 성가실 뿐이지, 재앙이나 수치심으로 다가오지는 않는 삶을 말한다. 이러한 성가심은, "과거를 떠올리게 하는 [촉발요인에도 불구하고] 차분함을 유지하는" 인내심과 균형감으로 극복할 수 있다. 이는 우리가 이에 더 능숙해질수록 점차 쉬워질 것이다.

Annie는 자신이 얼마나 회복되어왔는지를 돌아보려 했지만, 여전히 종종 삶이 불만족스럽고, 암울하고, 외롭고, 의미 없다고 느꼈다. 나는 그녀에게 이 패턴에 잠시 호기심을 기울여보라고 하였다. "이것이 당신이 살아남는데 어떻게 도움이 되었을까요? 당신을 보호하기 위해, 당신의 몸이 좋은 느낌이나 자부심 같은 것들을 막아버리려 한 것이라면 어떻게 되나요?"

그녀는 이 질문에 대해 곰곰이 생각해보며 말했다. "음, 우리가 행복해하고, 분명히 우리가 뭔가를 성취해낼 때면 엄마가 촉발되는 것 같았다는 게 기억나네요. - 마치 자기 아이들이 성공하는 걸 질투하는 것 같았고 - 그리고 나면 더 학대적으로 변했어요." 그리고 그녀는 다음과 같은 기억을 떠올렸다. "그리고 우린 경계를 늦출 수가 없었어요. - 쉴 수가 없었죠. 우리의 삶에는 우리에게 아무 때나 무슨 짓을 할 수 있는 사람들이 너무 많았어요. 우린 안전하다거나, 차분해져 있거나, 사랑받는다고 느낄 수가 없었어요." 이는 정확하고, 진실한 말로 느껴졌다. "그래서, 삶에서 저를 사랑해주는 사람들이 있는데도," 그녀는 곰곰이 생각하며 말했다. "그걸 누릴 수가 없었어요…. 그리고 좋은 하루를 보내거나 뭔가 좋은 일을 하더라도, 그걸 좋다고 느낄 수가 없었어요. 놀라워요! 그럼, 제 삶이 문제인 게 아니라, 제

몸이 제가 살아남게끔 도와주었던 방법이 문제였던 거군요!"

우리가 언제 촉발되는지를 알아볼 수 있게 된다면, "현재를 온전히 살아가면서 주변 사람들과 관계를 맺는" 것이 가능해진다(van der Kolk, 2014, p.204). 촉발의 신호인 – 촉발요인, 신체 감각, 감정 – 을 그저 기억이나 감각으로서 알아차려 갈 수 있다면, 이것들이 주는 영향도 오래 지속되지 않을 것이다. 특히, 촉발 경험에 반응을 하는 것이 아니라 그것을 그저 알아차리는 능력은 자기–수용의 행위가 된다. 즉, "나는 트라우마를 경험했기 때문에 촉발되는 것이지, 나쁘거나 결함이 있는 사람은 아닌 것이다." 촉발 경험을 정상적인 것으로 받아들임으로써, 우리는 자기 자신을 정상으로서 받아들이게 되며, 우리는 우리가 할 수 있는 최선을 다했음을 인정하고, 촉발된다는 것은 – 트라우마로부터 살아남았다는 증거이기에 – 용기의 훈장이라는 자각을 넓히게 된다.

하지만, 자기–수용이 쉽지는 않다. 많은 트라우마 생존자들에게 가장 어렵게 느껴지는 장애물은 아마도 학대와 방임에 의해 수반되는 자기–혐오와 자기–소외의 극복일 것이다. 무슨 일이 일어나고 있는지에 대해 설명할 방법이 없는 어린아이들의 경우 자기 자신을 비난하고, 수치스러워하고, 침묵하고, 거절하게 되는데 – 이 모두가 위험을 줄이는 데에는 도움이 된다. 자기 자신을 비난하며 수치심을 느끼는 아이(또는 성인)는, 눈에 보이는 곳에서 얌전히 있을 수 있게 되고, 순응하며 힘없이 있는 편이 더 수월하며 욕구나 의견을 갖지 않는 게 그나마 덜 힘들다는 것을 알게 된다. 그런데 이와 같은 어린 시절의 기발한 적응방식은 회복 과정에 들어서면 장애물이 된다. 일단 위험이 끝이 나면, 회복을 위한 작업을 하고 상처를 치유하는 데 자기–수용과 자기–연민이 필요하다. 이는 Bessel van der Kolk가 말했던 회복의 비결 중 마지막 단계를 채울 비법이다. "나를 생존하게 했던 방법들을 포함해 나 자신에게 비밀을 갖지 않기(van der Kolk, 2014, p.204)" 모든 살아있는 것들은 본능적으로 생존을 위해서라면 수단을 가리지 않고 움직인다는 걸 받아들임으로써, 우리는 살아남거나 약간의 통제력을 유지하기 위해 우리가 무슨 일을 했든지 간에 자기 자신을 용서할 수 있게 된다. 우리가 어린 시절에 재정적·정서적 지원도 없이 위협적인 상황에 대처하고, 적응하고, 살아남기 위해서는 극단적인 조치까지도 필요할 수 있었다는 걸 인정하는 것은, "나는 그렇게 해서 살아남은 거야. 내가 지금 여기에 있을 수 있는 이유지."라는 말과 같다.

Justin은 정신질환과 약물 남용 문제가 있는 부모로부터의 학대와 유기를 수년 동안 견뎌내던 중, 어느 날 "복종하지 않는다"라는 이유로 쫓겨나 청소년의 나이에 노숙인이 되었다. 거리에서 지내며, 그는 곧 살아남기 위해서는 매춘을 해야 한다는 것을 알게 되었는데, 이를 견뎌내려면 취해있어야 했다. 마약을 거래하는 남자친구로 인해 그는 빠르게 헤로인에 중독되었고, 절박한 상황이 되면 그것을 팔기도 했다. 그는 삶에서의 이 시기를 깊이 수치스러워하여, 죽을힘을 다해 맨정신을 되찾고 결국 대학에 간 이후까지도, 친구들과 가족들에게 이 일을 비밀로 하였다. 전공을 심리학으로 선택한 덕에, 자기 인생에서의 이 시기를 그저 생존을 위한 한 방법으로서 바라보는 것이 점차 쉬워졌으며, 벼랑 끝에서 건강하고 평범한 일상으로 돌아오기 위한 자신의 투쟁에 어떤 자부심을 느낄 수 있었다. 이제 그는 치유의 이야기를 품고 있다. "내가 생존한 방식이 아름답지는 못했지만, 나는 살아남았고, 이제 선행을 베풀며 나아갈 것이다."

현재의 순간을 향하는 방법을 배우기

한때 우리의 생존을 도와주었던 바로 그 방어적인 반응이, 나중에는 우리로 하여금 우리가 생존했다는 걸 인정하기 어렵게 만든다는 것은 비극적인 일이다. 많은 트라우마 생존자들은 안도감, 자부심, 자신감, 그리고 두렵지 않고 수치스럽지도 않은 느낌을 간절히 원한다. 하지만 뇌와 몸은 그 일이 끝났다는 기쁨보다는 위험을 예상하는 것을 더 우선시하게끔 설계된 것 같아서, 안도감은 흔히 존재하지 않거나 짧게만 지속된다. 우리의 감각은 여전히 잠재적인 위협을 향해 있다. 그리고 우리의 몸은 아직도 아주 미묘한 촉발요인에도 방어적 반응을 보인다. 트라우마의 해결은 이러한 패턴을 변화시키는 개인의 능력에 달려있다. 2장부터 5장에 걸쳐, 우리는 트라우마와 관련된 반응을 변화시키는 다양한 방법들을 논의하고 연습해보았다. 혹여 지속적인 촉발과 이로 인한 악영향을 관리하는 것이 막막하게 느껴진다면, 다시 해당 장으로 돌아가 보라.

이 회복의 단계에서 도움이 될 만한 가장 중요한 기술 중 하나는 정향(orienting)이라 불리는 것이다(Ogden & Fisher, 2015). 이 정향반사는 우리 모두에게 익숙한데, 너무 익숙한 나머지 우리가 지속적으로 정향을 하고 있음에도 우리는 자신이 이것을 하고 있다는 것을 거의 알아차리지 못한다. 우리는 우리의 이름이 들리거나, 친숙하지 않은 소리, 또는 경보음이 들리면 그쪽을 바라본다. 가게, 공항, 혹은 새로운 건물에 들어갈 때면, 우리는 잠시 멈추어서 어디로 가야 할지 살펴보기 위해 주위를 둘러본다. 우리가 부모일 경우에는, 아이의 안전을 확인하기 위해 언제나 아이를 향해 있다. 부모에게는 "얘가 어디 있지?"라는 질문이 익숙하다. 우리는 반려동물에게도 이와 같은 방식으로 행동한다. 우리는 본능적으로 우선 잠재적인 위험의 방향을 지향하지만, 슈퍼마켓의 농산물 코너나 사교모임에서 친근해 보이는 낯선 사람과 같이 자양분을 얻을 수 있는 것을 향하기도 한다.

과각성이라는 본능적인 트라우마 반응은 정향의 한 형태이다. 우리의 뇌와 몸은 끊임없이 위협과 위험을 스캔한다. 불신의 느낌 역시, 믿을 수 없는 상황이나 사람과 같은 신호에 주의를 기울이게끔 해준다는 점에서 이와 유사하다. 반면, 신뢰의 경우에는 신뢰할 수 있다는 믿음을 확인해주는 정보에 주의를 기울이도록 한다. 트라우마를 해결하기 위해서는, 다른 방식으로, 그리고 좀 더 현실적으로 지향하는 것을 배워야 한다. 과각성의 정향이 우리로 하여금 위협에 주의를 기울이게 하는 한, 과거의 일은 끝났으며 이제는 안전하다는 감각을 느끼는 것은 물리적으로 불가능하다.

Annie는 자신의 집을 싫어했고, 그것에 대한 수치심을 느꼈으며, 종종 치료 후에 집으로 돌아가는 데 대한 두려움을 표현했다. 그녀는 집을 오막살이라고 불렀지만, 그녀와 남편이 집과 재산을 관리하기 위해 매주 많은 시간을 소요한다는 걸 고려해보면, 그러한 설명이 정확하지는 않을 것이라고 생각했다. 나는 그녀에게 치료 회기가 끝나고 나서 집으로 운전하는 것을 상상해보고, 잠시 멈춰서 진입로에 주차하는 것을 떠올려본 후, 주변을 둘러보라고 했다. 나는 "차에서 내리면 무엇이 보이나요?"라고 물었다.

"울타리로 둘러싸인 하얀 농가가 보여요. 그리고 그 울타리를 바라볼 때 몸이 편안해지는 게 느껴져요. 안전해 보이거든요."

"그 울타리를 알아차려보고, 그리고 나서 당신의 눈이 다른 어떤 것에 끌리는지 알아차려보세요."

"전부 새로 칠해져 있는 게 보여요, 뒷문은 쨍한 빨간색이고요. 더 예쁘게 만들고 싶어서 빨갛게 칠했어요."

"그 빨간 문을 보면 어떤 느낌이 드나요?"

"따뜻하게 느껴지고, 안으로 들어가고 싶어져요."

나는 Annie에게 자기 집을 방마다 돌아다니는 것을 상상해보고, 보이는 걸 그저 알아차려보라고 했다. 마침내, 우리는 그녀의 서재에 다다랐다. 이 서재는 그녀에게 깊은 의미를 지니고 있었다. 2년 전, 그녀와 남편은 그녀가 책을 읽고, 바느질하거나, 쉬며, 방해받지 않을 장소인 안식처가 집에 필요하다는 결론을 내렸다. 다만 손님방을 그녀의 서재로 바꾸려고 하는 것이 그녀를 촉발시켰는데, 자신에게는 그럴만한 자격이 없고, 빼앗기게 될 것이며, 방 하나를 통째로 가져가는 바람에 다른 사람들에게 폐를 끼치게 되어서는 안 된다는 믿음을 촉발했기 때문이다. 하지만 그럼에도 불구하고, 그녀는 이 일을 해냈다.

자신의 서재를 둘러보며 이에 온전히 정향해보는 걸 상상하면서, 그녀는 지금-여기에 있다는 강력한 신체적 감각을 느낄 수 있었다. "이건 제 방이에요 - 제가 좋아하는 색깔이고, 벽에는 제가 만든 조각보가 있고, 창가에는 제 책상이 있어요." 그녀는 어린 시절의 집에 있었던 자신의 방과 이 방이 얼마나 다른지를 깨달으며 감탄과 기쁨을 느꼈다. 이 방은 잘 정돈되어 있고, 다채로우며, 가정적이었다. 그 후로 몇 주 동안, 그녀는 자신이 촉발될 때마다 자신의 서재를 대상으로 정향하는 것을 연습했다. 불안감과, 수치심, 압도감을 느꼈을 수는 있지만, 서재를 둘러볼 때면(혹은 둘러보는 걸 떠올리는 것만으로도), 몸이 진정되는 것을 느끼며, 여기, 자신의 새로운 집 안에서, 자신이 안전하다는 걸 자각할 수 있었다 - 자기만의 방을 가질 수 있을 정도로 너무나 안전했다.

당신의 몸이 본능적으로 환경을 위협으로 여기며 반응할 때 긍정적인 것에 정향하는 방법을 배우는 것은 매우 어려울 수 있다. 아쉽게도 이는 저절로 이루어지지는 않는다. 여기에는 다음과 같은 반복적인 연습이 필요하다. 위협적이지 않거나 긍정적인 자극에 정향하기, 인내의 창 확장시키기, 좋은 느낌을 주는 것에 의도적으로 주의를 기울여보기, 긍정적 느낌의 경험에 연결되어 있는 두려움과 수치심을 작업하기.

생존을 인정하기: 자유를 향한 4단계

Annie는 다음과 같이 말하기도 했다. "전 지금의 제가 된 게 기뻐요…. 그 모든 트라우마를 기뻐하는 건 아니고, 그런 일이 일어나지 않았기를 바라지만, 그게 없이는 지금의 제가 되지 못했을 거예요."

트라우마 이후의 삶에는 어느 정도의 자부심, 존중, 또는 그저 살아남았다는 경이로움만이라도 포함되어야 한다. 생존에 기여한 우리의 부분들이(혹은 우리가) 살아남은 방식이 혹여 아름답지 못하더라도, 이들에게 감사를 표해야 할 수도 있다. 회복에는, 우리가 어두운 시간을 거쳐 왔지만 이제는 어둠에서 벗어났다는 감각이 중요하다. 살아남았다는 걸 모른 채로는 트라우마의 이야기는 결론을 맺지 못한다. 다만 초기 인류의 생존 가능성을 높이기 위해 외상 후 반응이 발달되었던 것으로 보이기 때문에, 우리가 살아남았다는 걸 알기 위해서는 노력이 필요하다!

Claudia Black의 "자유를 향한 4단계(1999, p.47)"는 생존자들이 과거로부터 자유로워지기 위한 작업을 돕는 간단한 절차를 제공해준다. 나는 과거의 기억에 의해 촉발될 수 있는 트라우마 생존자들을 위해 이 단계를 다음과 같이 약간 각색하였다:

- 1단계. 당신이 경험하고 있는 고통이 무엇이든, 그것을 촉발이자 과거 어린 시절과 연관된 것으로 가정해보아라. [이는 트라우마 회복에 중요한 믿음의 도약이다.]
- 2단계. 어린 시절을 빠르게 되감기 하면서, 당신이 지금 알아차리는 느낌과 신체 감각이 가장 잘 들어맞는 순간이 어딘지를 알아차려봄으로써, 그 고통을 외상적인 과거에 있는 고통의 뿌리와 연결시켜보아라. ["빠르게 되감기"는 20~30초 이하를 뜻한다! 짧은 시간을 넘어서서

과거에 주의를 기울이거나 이에 대해 생각하는 것은 트라우마 반응을 활성화시킬 위험이 있다.]

- 3단계. 그러한 경험으로 인해 발달된, 내재화된 오랜 믿음을 확인해보라. [자기 자신에게 다음과 같이 질문해보라: "그런 상황에서 자기 자신을 신뢰할 사람이 있을까?" 또는, 당신을 일상적으로 힘들게 하는 부정적인 믿음에 대해 생각해보고, 그것을 당신 개인이 아니라 과거와 관련된 것으로 보라.]

- 4단계. 당신이 오늘날의 당신 삶에 더 잘 맞는 새로운 믿음을 키워갈 수 있도록, 그 오래된 믿음에 도전할 방법을 찾아보라. [그러한 믿음에 "오래된"이라는 이름을 붙인 순간, 당신은 이미 그것에 도전하고 있는 것이다. 이는 이 단계 안에 있는 첫 번째 하위 단계이다. 다음 하위 단계는, "난 살아남기 위해 그렇게 믿어야 했어." 또는 "이 믿음은 나를 더 _____하게 만들어서 내가 살아남을 수 있게 했어." 등과 같이 가능성 있는 새로운 믿

그림 8-1 자유를 향한 4단계

자유를 향한 4단계

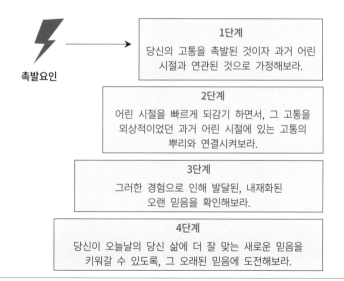

촉발요인

1단계
당신의 고통을 촉발된 것이자 과거 어린 시절과 연관된 것으로 가정해보라.

2단계
어린 시절을 빠르게 되감기 하면서, 그 고통을 외상적이었던 과거 어린 시절에 있는 고통의 뿌리와 연결시켜보라.

3단계
그러한 경험으로 인해 발달된, 내재화된 오랜 믿음을 확인해보라.

4단계
당신이 오늘날의 당신 삶에 더 잘 맞는 새로운 믿음을 키워갈 수 있도록, 그 오래된 믿음에 도전해보라.

Claudia Black(1999)에서 각색함

음을 만들어보는 것이다.] 새로운 긍정적 믿음을 생각해내거나, 그걸 믿어야 한다고 생각해야만 하는 것은 아니다. 이는 오로지 오래된 믿음에 도전하기 위해 필요한 것이다.

새로운 반응과 새로운 믿음을 반복적으로 연습하지 않으면, 당신을 살아남게 도와주었던 똑같은 반응이 계속해서 촉발될 것이다. 뇌와 몸은 위협으로부터 생존하기 위한 반응을 놓아주기 어려워하는 것으로 보이며, 이러한 현상과 싸울 수 있는 유일한 방법은 새로운 반응들이 아주 자동적으로 이루어질 때까지 계속해서 연습하는 것이다. 트라우마를 해결하기 위해서는 그것에 대해 이야기해야 한다는 믿음을 생존자들과 치료자들이 그렇게 오랫동안 품고 있었던 것이 이상한 일은 아니다! 과거의 비밀을 공유하는 것만으로도 트라우마 경험의 무거운 짐을 걷어낼 수 있었다면 일이 훨씬 쉬웠을 것이다.

> **자신이 촉발되고 있음을 알게 될 때마다 워크시트 24: 자유를 향한 4단계를 사용해 보라.**

하지만, 자유를 향한 4단계를 연습하는 것은 우리에게 힘을 실어준다. 나는 책에 있는 워크시트를 반복해서 사용할 수 있도록 여러 장을 복사해두는 것을 추천한다. ─ 그리고 당신이 촉발될 때마다 여기에 있는 4단계를 반복하기를 바란다. 워크시트를 연습하고 나면, 점차 자신이 촉발되었다는 걸 인식하고, 이것이 과거와 연결되어 있음을 신뢰하고, 그러한 경험으로 인한 의식적·무의식적인 믿음을 여전히 품고 있음을 고려해볼 수 있게 된 자신을 발견하게 될 것이다. 이와 같은 오래된 믿음들이 우리의 삶을 어떻게 제약하고 있는지를 한 번 알게 되면, 이에 도전하는 것이 점점 더 쉬워진다.

하지만 오래된 믿음에 도전하는 게 어렵다고 느껴질 때면, 각별히 호기심을 가져보라. 만약 당신이 "하지만 그건 사실인 걸!"이라고 말하는 자기 자신을 발견하게 된다면, 이와 같이 자동적인 "아니오" 반응은 그 믿음이 한때 당신의 생존에 중요한 역할을 했으며, 그렇기 때문에, 당신의 마음이 싸워보지도 않고 이것을 포기하지는 않으리라는 걸 의미할 수 있음을 가정해보라.

트라우마 치료의 단계

Judith Herman은 단계-지향적 트라우마 치료를 가장 강력하게 지지해왔는데 - 이것은 우선적으로 개인의 안전과 안정성을 보장하지 않고는 치료 내에서 압도적이고, 무섭고, 끔찍한 기억에 안전하게 초점을 둘 수 없다는 걸 의미한다. 인내의 창이 넓고 탄력적인 경우라 할지라도 외상-후 반응은 어려운 과제이기에, 튼튼한 기반 없이 트라우마 기억에 뛰어드는 것은 대개 안전하지 못하다. 이것은 오히려 압도적인 경험을 관리하겠다는 목적 아래에 감정적·신체적 자원이 없는 어린아이의 상태로 위험에 처하는 상황을 반복시키기만 할 수도 있다.

한 때 "트라우마에 맞서려면 안정적인 상태가 되어야만 한다"라고 여기기도 했지만, 이제 우리는 안전과 안정성을 우선으로 취한다는 걸 다른 방식으로 이해하고 있다. 이는 "트라우마가 끝났다고 느끼기 위해서는, 당신은 지금 여기에 있어야 하며, 지금 안전한 상태여야 한다."라는 걸 의미한다. 당신이 학대적인 관계에 있거나, 자해를 하고 있거나, 자살을 시도하고 있거나, "섹스, 약물, 그리고 로큰롤[2]"에 중독되어 있다면, 그것이 끝나고 마무리되었다고 느끼기 어렵다. 만약 당신이 당신을 해치는 사람을 여전히 돌보고 있거나, 그들에게 재정적으로 의존하고 있다면 그 일이 끝났다고 느낄 수 없을 것이다.

다음의 [그림 8-2]에서 Judy Herman(1992)의 것을 각색한 트라우마 치료

---

2) 방만하고 즐거움만 좇는 활동을 일컫는 관용구.

그림 8-2 단계-지향적 트라우마 치료

트라우마 치료의 단계

> **1단계: 안전 및 안정화: 조절의 어려움을 극복하기**
>
> 과제:
> • 몸의 안전을 쌓기
> • 안전한 환경을 구축하기
> • 정서적 안정성을 쌓기
> 목표: 지금-여기에서의 안전과 안정적인 삶을 꾸리기

> **2단계: 트라우마 기억을 받아들이는 방법을 배워보기**
>
> 과제:
> • 트라우마 사건 및 몸/감정 기억에 대한 두려움을 극복하여 통합시키기
> • EMDR, 최면치료, 또는 신체기반치료를 통해 비언어적 기억을 소화시키기
> 목표: 외상적인 과거를 받아들이는 방법을 배우기

> **3단계: 통합과 앞으로 나아가기**
>
> 과제:
> • 수치심과 자기-소외 감소시키기
> • 건강한 애착을 맺기 위한 능력을 더욱 발달시키기
> • 트라우마 이후의 의미를 만들어가는 것을 반영하는 개인적·직업적인 목표를 세우기
> 목표: 평범한 삶, 건강한 도전과 변화, 그리고 친밀감에 대한 두려움을 극복하기

Judy Herman(1992)에서 각색함

단계를 요약해서 볼 수 있다.

1단계: 안전 및 안정화: 조절의 어려움을 극복하기

첫 번째 단계로, 생존자들은 트라우마의 영향을 이해하고 일반적인 증상들을 인식하는 방법을 배워야 하며, 압도적인 신체 감각, 침습적인 감정, 그리고 왜곡된 인지 도식을 해석하는 것을 익혀야 한다. 안전 및 안정화를 이루는 데에는 다음의 과제가 필요하다.

• 몸의 안전을 쌓기(예시: 자해를 자제하기, 취해있지 않기)

- 안전한 환경을 만들기(예시: 안전한 생활환경, 학대적이지 않은 관계, 직업 또는 정기적인 수입, 적절한 지원)
- 정서적 안전성을 쌓기(예시: 몸을 진정시키고, 충동을 조절하고, 자신을 달래주고, 일상적인 일들에 의해 촉발된 외상 후 증상을 관리하는 능력)

이 단계에서의 목표는 지금-여기에서의 안전하고 안정적인 삶을 꾸리도록 하여, 개인이 외상적인 과거를 재체험하는 것이 아니라 이를 안전하게 다룰 수 있도록 하는 것이다.

2단계: 트라우마 기억을 받아들이는 방법을 배워보기

이 단계에서는, 트라우마 사건과 몸/감정 기억에 대한 두려움을 극복하는 작업을 통해 이를 통합시킬 수 있도록 하여, 트라우마로 인해 자신이라는 사람이 될 수 있었음을 인정할 수 있게 한다. 비언어적 기억을 소화하기 위해, EMDR(Shapiro, 2001). 감각운동 심리치료(Ogden & Fisher, 2015) 및 신체 경험(Levine, 2015)와 같은 신체기반 치료, 또는 내면가족체계 치료(Schwartz, 2001)를 활용한다. 이는 회피하는 상태에 머무르거나, 기억 및 플래시백에 압도되지 않도록 개인과 속도를 맞추어 진행되어야 한다. "기억하는 것이 회복하는 것은 아니기" 때문에, 여기에서의 목표는 세부적인 내용을 기억하는 것이 아니라, 오로지 외상적인 과거를 받아들이는 방법을 배워보는 것이다.

3단계: 통합과 앞으로 나아가기

생존자들은 이제 수치심과 자기-소외를 감소시키기, 건강한 애착을 맺기 위한 능력을 더욱 발달시키기, 트라우마 이후의 의미를 만들어가는 것을 반영하는 개인적·직업적인 목표를 세워보기와 같은 작업을 시작할 수 있다. 평범한 삶, 건강한 도전과 변화, 그리고 친밀감에 대한 두려움을 극복하는 것이 작업의 초점이 된다. 생존자의 삶이 건강한 현재와 치유된 자아를 중심으로 재통합됨에 따라, 트라우마는 더 이상 일상에서의 초점이 되지 않고, 자신에 대한 통합된 이해의 일부로서, 보다 거리를 둘 수 있게 된다.

> 워크시트 25: 회복의 어느 단계에 있나요?를 이용해 당신이 회복의 어느 단계에 있는지를 살펴보라.

아주 중요한 경고: 당신이 회복의 어느 단계에 있든지, 자신을 판단하려 들지 말라. 회복 과정이 느린 데에는 많은 이유들이 있지만, 그중 어떤 것도 당신에 관한 것은 아니다. 정신건강 및 의학 분야에서 트라우마 전문가는 국제적으로 크게 부족하다. 그리고 당신이 전문적인 치료를 받지 못했거나, 트라우마 기반 훈련을 받은 치료자가 아닐 수 있다. 치료자가 "당신의 이야기를 말하면 그게 끝날 거예요."라는 오래된 모델을 사용해왔을 수도 있다. 당신은 생존을 위해 파편화되거나 해리되어야만 했을 수도 있다. - 이는 해결하는 데 많은 시간을 필요로 하는 기발한 생존 방법이다. 당신은 치료라는 것은 또다시 기억을 해내며 그러한 감정을 느껴야만 하는 것이라고 여기며 두려워해왔을 수도 있다. 혹은, 그런 일은 일어난 적이 없다고 믿고 싶었을 수도 있다.

이 모든 것들은 회복 과정을 늦추는 일반적인 문제들이나, 이것들이 회복을 막아버리는 것은 아니다. 설사 당신에게 일어난 일을 인정할 준비조차 되어있지 않아 두려워하고 있더라도, 포기하지 말라! 전문적인 트라우마 치료자를 찾아보고, 그들에게 미리 당신이 Bessel van der Kolk, Pat Ogden, 그리고 나의 작업에 익숙한 치료자를 찾고 있다고 말해두라. 일어난 일에 대해 다루어보는 걸 상상하는 것조차 얼마나 어려운지에 대해 솔직하게 말하라.

트라우마로부터의 회복은 복잡하고도 매우 느리게 진행되는 과정이다. 이 증상들은 생존 반응을 반영한다는 걸 자기 자신에게 계속해서 상기시켜 주어라! 심지어는 자살시도조차도 당신의 느낌과 미래에 대한 통제력을 되찾으려는 시도이다. 필시, 그것은 폭력을 멈추고 자신의 고통을 끝내고자 하는 기억이었을 것이다. 자해나 약물 사용 역시 당신의 결함의 증거가 아니다. 둘 모두 즉각적인 안도감을 가져다주며, 장기적으로는 해로운 영향을 주지만, 당신이 알고 있는 압도적인 느낌을 관리하는 유일한 방법이었을 수 있다. 비록 이러한 생존 방법이 수치심과 무망감을 일으키는 면이 있다 하더라도, 당신의 독창성을 인정해보도록 하라.

자기 자신에 대한 판단을 내리려고 하거나, 자신이 과정의 어느 위치에 있는지에 대해 걱정하지 말라. 안전한 환경을 쌓는 것이든, 과거를 인정하고 촉발을 기억으로서 경험하는 능력을 쌓는 것이든, 그저 다음 단계에 집중하도록 해라. 우리 모두는 자기 자신의 치유의 길을 단계적으로 찾아갈 것이며, 대부분 개인적인 트라우마의 유산이 잘 해결되고 스스로를 용서해주기 전까지는 우리가 그 길에 있다는 걸 깨닫지 못할 것이다.

치유와 용서

치유나 치유의 느낌은 우리가 자기 자신을 수용하고 용서하는 순간에 일어나기 시작한다. — 이는 한때 어린아이였던 자기 자신을 이제 우리가 연민을 품은 어른이 되어 바라보는 순간이다. 그 어린아이는 당시의 수치심을 자신에게 잘못이 있고, 결함이 있고, 가치가 없다는 증거라고 믿었다. 아이들은 수치심이 그저 덫에 걸렸을 때 복종해버리도록 도와주는 생존 반응이란 걸 알기에는 너무 어리다. 그리고 집과 음식을 제공해주는 어른을 비난하기보다는 자기 자신을 비난하는 게 차라리 안전하다는 것도 알지 못한다. 맞서 싸웠을 경우, 폭력이 더 심해질 뿐이었을 거라는 것도 알지 못한다. 당신이 트라우마의 영향을 변화시키기 위해 열심히 노력했는데도 불구하고 무망감, 수치심, 분노 같은 것들이 계속해서 당신의 몸과 마음을 지배하려 한다면, 이에 대한 호기심을 가져보라. 자기 자신에게 다음과 같은 질문들을 던져보라. "왜 나의 어린 자아는 그게 자기 잘못이 아니라고 믿는 걸 두려워할까?", "왜 이 어린아이는 희망을 갖길 두려워할까?"

워크시트 26: 당신의 어린 자아들을 환영하기를 활용하여, 당신의 어린 자아들에 대해 알아가는 과정을 시작해보자. 이는 어린 자아들의 취약성을 무시하고, 통제하고, 거부하는 것이 아니라 그들을 환영해주는 첫 번째 단계가 된다.

우리가 얼마나 어렸고, 얼마나 마법 같은 생각을 했으며, 얼마나 독창적인 방식으로 살아남았는지에 대해 마침내 볼 수 있게 될 때, 한때 우리였던 그 어린아이에게 마음을 열어주는 것이 수월해진다.

그리고 우리가 내면에 품고 있는 그 아이에 대한 애정이나, 자부심, 연민을 느낄 때 중요한 변화가 일어난다. 우리는 현재 어른으로서의 자아를 경험하면서도, 동시에 과거의 감정적·신체적 유산을 짊어지고 있는 상처 입은 아이와 연결되어 있다. 그러한 순간들 속에서, 과거와 현재가 함께 어우러지며, 우리가 품고 있는 연민의 따스함이 그 아이의 두려움과, 상처와, 외로움을 조금씩 더 치유해 간다 ─ 마침내, 우리가 자고 일어나 치유와 평범함을 느끼게 되는 그날까지. 자기 탓이 아니라고 믿기를 두려워하고, 자신이 독창적이고 창의적이었다는 걸 믿기를 두려워하며, 이제는 안전할 것이라고 믿기를 두려워하는 어린아이 부분에게 인내심을 가져주라. 내면의 아이가 편안해하고, 누그러지고, 더 반듯하게 앉아있는 것 같다고 느껴질 때까지, 당신이 어떤 취약한 존재에게 기꺼이 보여줄 법한 연민을 계속해서 건네가도록 하라. 내면의 어린아이가 당신의 수용과 환영이 주는 따스함과 친절함을 느끼기 시작할 때, 마침내 당신은 외상적인 과거의 유산을 치유하게 된다.

WORKSHEET 24 자유를 향한 4단계

✓ 당신이 경험하고 있는 고통을 촉발되어온 것이자 과거 어린 시절과 연관된 것으로 가정해보세요.

그 고통(슬픔, 상처, 분노, 수치심, 무망감)에 대해 묘사해보고, 그것을 촉발된 것이자 과거와 연관된 것이라고 가정하면 무슨 일이 일어나는지를 살펴보세요.

_____

_____

_____

✓ 20~30초 동안 자신의 어린 시절을 빠르게 되감기하며, 그러한 고통스러운 느낌과 신체 감각이 가장 잘 들어맞는 구간이 어디인지를 알아차려보면서, 고통을 외상적인 과거에 있는 고통의 뿌리와 연결시켜보세요.

그 고통이 어디에 들어맞는지에 대해 한두 문장으로만 설명해보세요. 확실한 답을 얻으려하기보다는, 어디에 들어맞을 수 있을 것 같은지를 고려해보도록 하세요.

_____

_____

_____

✓ 그러한 경험으로 인해 발달된, 내재화된 오랜 믿음을 확인해보세요.

당신이 대우받은 방식으로 인해 생겨난 믿음 및 자기 자신에 대한 믿음에 대해 설명해보세요.

_____

_____

_____

✓ 당신이 오늘날의 당신 삶에 더 잘 맞는 새로운 믿음을 키워갈 수 있도록, 그 오래된 믿음에 도전할 방법을 찾아보세요.

당신이 대우받은 방식으로 인해 생겨난 믿음 및 자기 자신에 대한 믿음에 대해 설명해보세요.

_____

_____

_____

WORKSHEET 25   회복의 어느 단계에 있나요?

1단계: 안전 및 안정화

자기 자신에게 다음과 같이 물어보세요: 나는 몸의 안전을 확보했나? (예시: "나는 맨 정신으로 있고, 더 이상 내 몸을 다치게 하지 않으며, 진료도 받으러 간다." vs "나는 여전히 자해를 하고, 약물도 사용하며, 내 몸이 학대받도록 내버려 둔다.")

_____

나는 안전한 환경을 만들었나? (예시: 안전한 생활환경, 학대적이지 않은 관계, 나 자신을 돌볼 만큼 충분한 수입)

_____

나는 정서적 안정성을 쌓았나? (예시: 몸을 진정시키고, 충동을 조절하고, 자신을 달래주고, 촉발되는 것을 관리하는 능력)

_____

나는 지금-여기에서 안전하고 안정적인 삶을 꾸리고 있나?

_____

2단계: 트라우마 기억을 받아들이는 방법을 배워보기

자기 자신에게 다음과 같이 물어보세요. 나는 트라우마/외상이라는 단어를 피하려 하는가? 나는 과거를 인정할 수 있나? 아니면, 나는 항상 과거에 주의를 기울이고 있나? 나는 내가 촉발되는 때를 알아볼 수 있나? 아니면 내가 촉발되었다는 걸 알지 못한 채로 그냥 과거로 가 버리나? 나를 가장 자주 촉발시키는 것은 무엇인가? 나는 내가 살아남은 방법에 대해 알고 있고, 그걸 인정하고 있나?

_____

3단계: 통합과 앞으로 나아가기

자기 자신에게 다음과 같이 물어보세요. 나는 전보다 트라우마가 마무리된 것처럼 느끼고 있나? 나는 전보다 덜 빈번하게 촉발되거나, 촉발되고 있다는 걸 더 빨리 알아차리나? 다른 사람들과의 관계는 어떻게 변화되었나? 나 자신과의 관계는 변화되었나? 나는 여전히 그게 내 탓이라고 믿고 있나? 아니면 다른 각도로도 바라볼 수 있게 되었나? 내가 거쳐 온 일들로 인해 갖게 된 좋은 소질이나 기술은 무엇인가? 트라우마가 내 삶에서의 목표를 바꾸었나?

_____

WORKSHEET 26   당신의 어린 자아들을 환영하기

이 워크시트를 사용해서, 지금과는 다른 나이와 단계에 있었던 아이로서의 당신에 대한 좀 더 명확한 그림을 만들어보세요. 이 아이가 어떤 특정한 사건과 관련이 있을 필요는 없어요. 그저 그 나이대에 있었던 환경에 대해 생각해보세요.

<table>
<tr>
<td>

좀 더 어린 자아

이 아이는 몇 살인가요?

이 아이의 얼굴과 몸짓은 당신에게 무엇을 말해주고 있나요?

이 아이가 여전히 생각하고 느끼고 있는 것은 무엇인가요?

</td>
<td>

당신이 자신의 어린 자아를 볼 때, 그 아이에 대해 어떤 느낌이 드는지를 알아차려보세요.

_____
_____
_____

만약 판단하려는 반응이나 부정적인 반응이 알아차려진다면, 그러한 적개심은 다른 부분으로부터 오는 것이라고 가정해보세요. 그 부분에 대해서는 무엇이 알아차려지나요?

_____
_____
_____

만약 당신이 어떤 아이들에게라도 그렇게 해주듯이 이 어린 자아를 환영해준다면 어떻게 될까요?

_____
_____
_____

</td>
</tr>
<tr>
<td>

가장 어린 자아

이 아이는 몇 살인가요?

이 아이의 얼굴과 몸짓은 당신에게 무엇을 말해주고 있나요?

이 아이가 여전히 생각하고 느끼고 있는 것은 무엇인가요?

</td>
<td>

당신이 자신의 가장 어린 자아를 상상해보고 또 환영해주면 무슨 일이 일어나나요?

_____
_____

당신이 이 부분 역시 환영해준다면 어떻게 될까요?

_____
_____
_____

</td>
</tr>
</table>

참고문헌

쉽게 활용하기 위해, 전용 웹사이트인 pesi.com/legacyoftrauma에서 책에 실린 워크시트들을 PDF로 다운받을 수 있습니다.

Black, C. (1999). *Changing course: Healing from loss, abandonment, and fear.* Bainbridge Island, WA: MAC Publishing.

Fisher, J. (2017). *Healing the fragmented selves of trauma survivors: Overcoming internal self−alienation.* New York: Routledge.

Hanson, R. (2013). *Hardwiring happiness: The new brain science of contentment, calm, and confidence.* New York: Harmony Books.

Herman, J. (1992). *Trauma and recovery.* New York: W.W. Norton.

LeDoux, J. E. (2002). *The synaptic self: How our brains become who we are.* New York: Viking Press.

Levine, P. (2015). *Trauma and memory: Brain and body in search of the living past.* Berkeley, CA: North Atlantic Books.

Ogden, P., & Fisher, J. (2015). *Sensorimotor psychotherapy: Interventions for trau−ma and attachment.* New York: W. W. Norton.

Ogden, P., Minton, K., & Pain, C. (2006). *Trauma and the body: A sensorimotor approach to psychotherapy.* New York: W.W. Norton.

Perry, B. D., Pollard, R. A., Blakely, T. L., Baker, W. L., & Vigilante, D. (1995). Childhood trauma, the neurobiology of adaptation, and "use−dependent" de−velopment of the brain: How "states" become "traits." *Infant Mental Health Journal, 16*(4), 271−291.

Schwartz, R., & Sweezy, M. (2020). *Internal family systems therapy* (2nd ed.). New York: Guilford Press.

Schwartz, R. (2001). *Introduction to the internal family systems model.* Oak Park, IL: Trailhead Publications.

Shapiro, F. (2001). *Eye movement desensitization and reprocessing: Basic princi−ples, protocols, and procedures* (2nd ed.). New York: Guilford Press.

Siegel, D. J. (1999). *The developing mind: Toward a neurobiology of interpersonal experience.* New York: Guilford Press.

van der Hart, O., Nijenhuis, E. R. S., & Steele, K. (2006). *The haunted self: Structural dissociation and the treatment of chronic traumatization.* New York: W.W. Norton.

van der Kolk, B. A., & Fisler, R. (1995). Dissociation and the fragmentary nature of traumatic memories: Overview and exploratory study. *Journal of Traumatic Stress, 8*(4), 505−525.

van der Kolk, B. A. (2014). *The body keeps the score: Brain, mind, and body in the treatment of trauma.* New York: Viking Press.

이혜림

자격 • 임상심리전문가
　　 • 정신건강임상심리사 1급

경력 전 - 가톨릭대학교 심리학과 임상심리전공/석사 졸업
　　　 - 인하대학교병원 정신건강의학과 수련/재활의학과 파견
　　　 - 국립재활병원 소아재활과 임상심리사
　　　 - 중앙아동청소년상담센터 임상심리사
　　　 - 의정부스마일센터 심리지원팀장

　　 현 - 심리상담센터 소곤소곤 수석상담사
　　　 - 경기도 재난심리회복지원센터 전문상담사
　　　 - 경기도 소방심리지원단 전문상담사

윤서연

자격 • 임상심리전문가
　　 • 정신건강임상심리사 1급

경력 전 - 대구대학교 심리학과 임상심리 전공/석사 졸업
　　　 - 대구대학교 학생생활상담센터 인턴
　　　 - 계명대학교 동산병원 임상심리실
　　　 - 인천동부지원청 wee센터 임상심리사
　　　 - 서울동부스마일센터 심리지원팀장
　　　 - 의정부스마일센터 부센터장
　　　 - 경기도 소방심리지원단 전문상담사
　　　 - 의정부지방법원 가사전문상담원
　　　 - 의정부지방법원 입양사건 심리검사 전문가

　　 현 - 심리상담센터 소곤소곤 대표
　　　 - 경기도 재난심리회복지원센터 전문상담사

나의 오랜 상처 돌보기: 트라우마 치유를 위한 워크북

초판발행	2023년 7월 30일
중판발행	2024년 4월 30일
지은이	Janina Fisher, Ph.D.
옮긴이	이혜림·윤서연
펴낸이	노 현
편 집	전채린
표지디자인	Ben Story
제 작	고철민·조영환
펴낸곳	㈜ 피와이메이트
	서울특별시 금천구 가산디지털2로 53, 210호(가산동, 한라시그마밸리)
	등록 2014. 2. 12. 제2018-000080호
전 화	02)733-6771
f a x	02)736-4818
e-mail	pys@pybook.co.kr
homepage	www.pybook.co.kr
ISBN	979-11-6519-427-7 93180

* 파본은 구입하신 곳에서 교환해 드립니다. 본서의 무단복제행위를 금합니다.

정 가	15,000원

박영스토리는 박영사와 함께하는 브랜드입니다.